essentials

essentials liefern aktuelles Wissen in konzentrierter Form. Die Essenz dessen, worauf es als „State-of-the-Art" in der gegenwärtigen Fachdiskussion oder in der Praxis ankommt. *essentials* informieren schnell, unkompliziert und verständlich

- als Einführung in ein aktuelles Thema aus Ihrem Fachgebiet
- als Einstieg in ein für Sie noch unbekanntes Themenfeld
- als Einblick, um zum Thema mitreden zu können

Die Bücher in elektronischer und gedruckter Form bringen das Fachwissen von Springerautor*innen kompakt zur Darstellung. Sie sind besonders für die Nutzung als eBook auf Tablet-PCs, eBook-Readern und Smartphones geeignet. *essentials* sind Wissensbausteine aus den Wirtschafts-, Sozial- und Geisteswissenschaften, aus Technik und Naturwissenschaften sowie aus Medizin, Psychologie und Gesundheitsberufen. Von renommierten Autor*innen aller Springer-Verlagsmarken.

Mathias Krisam

Nudging für ein gesundes Unternehmen

Endlich erfolgreiche Gesundheitsförderung am Arbeitsplatz mit dem AEIOU-Modell

 Springer Gabler

Mathias Krisam
Berlin, Deutschland

ISSN 2197-6708 ISSN 2197-6716 (electronic)
essentials
ISBN 978-3-658-38102-8 ISBN 978-3-658-38103-5 (eBook)
https://doi.org/10.1007/978-3-658-38103-5

Die Deutsche Nationalbibliothek verzeichnet diese Publikation in der Deutschen Nationalbibliografie; detaillierte bibliografische Daten sind im Internet über http://dnb.d-nb.de abrufbar.

Planung/Lektorat: Margit Schlomski
Springer Gabler ist ein Imprint der eingetragenen Gesellschaft Springer Fachmedien Wiesbaden GmbH und ist ein Teil von Springer Nature.
Die Anschrift der Gesellschaft ist: Abraham-Lincoln-Str. 46, 65189 Wiesbaden, Germany

Was Sie in diesem *essential* finden können

- Sie erhalten das wichtige Basiswissen darüber, wie Nudging entstanden ist, was es bedeutet und was nicht. Dies beinhaltet sowohl wichtige verhaltenswissenschaftliche theoretische Grundlagen, als auch praxisnahe Beispiele in der Gesundheitsförderung.
- Sie werden in das AEIOU-Modell eingeführt, welches Ihnen in Zukunft als kreative Stütze dient für innovative und erfolgreiche Gesundheitsmaßnahmen.
- Anhand des AEIOU-Modells erhalten Sie praktische Hinweise, wie Sie das Wissen in den Bereichen Bewegung, Ernährung, Entspannung, Tabakreduktion und digitaler Gesundheitsförderung im Betrieb in die Realität umsetzen können.
- Zudem erhalten Sie einen Leitfaden, wie Sie diesen Ansatz optimal in Ihre betriebliche Gesundheitsförderung einfließen lassen.
- Sie erfahren die wichtigsten Kritikpunkte am Nudging und mit welchen Argumenten und Evidenzen über und gegen Nudging diskutiert wird.
- Sie bekommen wichtige Tipps, wie Sie mit diesem Wissen nachhaltige Veränderungen in der betrieblichen Gesundheitsförderung bewirken können.

Vorwort

Meine ganz persönliche Geschichte zu Nudging und diesem Buch begann 2015 an irgendeinem Sonntag. Eigentlich ist das der Tag, an dem ich bereits seit Jahren darauf achte, nichts zu tun, was mit Arbeit (oder damals Studium) zu tun hat – vielleicht ein nicht ganz so unnötiger Randvermerk in einem Buch zur betrieblichen Gesundheitsförderung …

An jenem Sonntag war mir langweilig. Denn das Wetter war schlecht und ich konnte nicht wie geplant Rad fahren. Einige Monate zuvor hatte ich auf einem Wochenendseminar von einem Ökonomen von Nudging gehört und im Anschluss den Bestseller „Nudge: Wie man kluge Entscheidung anstößt (2009)" von Thaler und Sunstein verschlungen. Während des Lesens sprudelten in mir die Ideen, wie ich diesen Ansatz auf Prävention und Gesundheitsförderung anwenden könnte. Wusste ich doch von dem Problem der sozialen Selektion (dazu später mehr in Kap. 3). Auf einer Konferenz hatte ich mich mit einem Professor der Harvard T.H. Chan School of Public Health darüber unterhalten. Er erzählte mir, dass sie zum damaligen Zeitpunkt bereits ein Seminar zum Thema Nudging anboten.

Also recherchierte ich an einem freien Tag auf PubMed – einer wissenschaftlichen Datenbank für medizinische Veröffentlichungen – nach dem Thema Nudging und Public Health. Ich war überrascht, dass es kaum Treffer dazu gab und schon gar keine wissenschaftliche Veröffentlichung in deutscher Sprache! Hier begann also meine Reise, etwas an diesem blinden Fleck in der deutschen Präventionslandschaft zu ändern. Mein erstes Ziel war es, einen wissenschaftlichen Fachartikel über die Bedeutung und das Potenzial von Nudging für Präventionsmaßnahmen in Deutschland zu schreiben.

Damals war ich noch Student und hatte noch keine wissenschaftliche Arbeit veröffentlicht. Doch der Ehrgeiz, dieses Potenzial auch einem deutschen Publikum vorzustellen und insbesondere die Unterstützung meiner tollen Co-Autoren leistete ihren Beitrag, dass wir 2017 genau diesen Fachartikel im „Gesundheitswesen" veröffentlichten: „*Nudging in der Primärprävention: Eine Übersicht und Perspektiven für Deutschland*" (Krisam et al. 2017).

Seither hat sich viel getan: Jener Artikel wurde bereits überdurchschnittlich häufig von anderen Wissenschaftler:innen zitiert, ich habe zahlreiche Vorträge zu dem Thema gehalten und Workshops durchgeführt, mit *läuft.* eine erfolgreiche Firma dazu gegründet, ein eigenes Nudging-Modell entwickelt, bereits mehrere Konferenzen dazu organisiert und viele weitere wissenschaftliche Arbeiten zu diesem Thema veröffentlicht.

Was noch fehlte, war ein kleines kompaktes Buch. Denn mein Ziel ist es, möglichst viele Engagierte in der Gesundheitsförderung zu erreichen. Sie sollen frische Impulse für Ihre praktische Arbeit bekommen und gleichzeitig die wichtigsten theoretischen und wissenschaftlichen Grundlagen von Nudging und den Verhaltenswissenschaften erfahren. Nudging ist nämlich bei weitem kein Hexenwerk.

Ich weiß noch nicht, wo mich meine Nudging-Reise noch überall hinführen wird. Besonders wichtig ist es mir aber, dass sich noch viele andere mit auf die Reise machen, das Potenzial erkennen und damit selbstständig tolle Gesundheitsmaßnahmen entwickeln. Wenn ich das nun bei Ihnen erreiche, haben sich die Mühe und die Zeit schon gelohnt.

An dieser Stelle möchte ich mich daher vor allem bei denjenigen bedanken, die mich auf meinem Weg bisher prägend begleitet haben: bei Prof. Volker Nürnberg, meinen Ko-Autor:innen, meinen Mitarbeiter:innen und Kund:innen, Margit Schlomski als Ansprechpartnerin vom Springer Gabler Verlag und vielen, vielen mehr, durch die ich heute nicht dort stehen würde, wo ich stehe.

im März 2022   Mathias Krisam

Inhaltsverzeichnis

Einführung

Bis vor wenigen Jahren schauten mich viele nur mit großen – häufig unverständigen – Augen an, denen ich von Nudging erzählte. Und diejenigen, die es bereits kannten, stellten es häufig in ein eher kritisches Licht. Wie positiv empfinde ich daher die Entwicklung in der deutschen Gesundheitsszene der letzten Jahre, dass sich nicht nur mehr und mehr für Nudging interessieren, sondern es aktiv einsetzen wollen oder sogar bereits anwenden.

Seit einigen Jahren arbeite ich schon sowohl als Wissenschaftler als auch mit meiner Agentur *läuft.* daran, genau dieses Wissen in das deutsche Gesundheitssystem zu bringen. Die Möglichkeiten und das Potenzial sind einfach grenzenlos und es macht auch noch Spaß! Dieses Buch habe ich geschrieben, damit Sie als Leser:in ein sicheres Fundament bekommen, was Nudging eigentlich bedeutet. Noch viel wichtiger ist mir aber, dass ich Ihnen ganz pragmatisch vermittle, wie Sie mit Nudging erfolgreiche Gesundheitsmaßnahmen für Ihre Kolleg:innen entwickeln können.

Dieses Buch richtet sich also an alle Interessierte zum Thema Nudging und Gesundheitsförderung. Der Fokus liegt sicherlich auf dem betrieblichen Setting. Ich verspreche Ihnen aber, dass Sie ebenfalls Anhaltspunkte finden werden, um in Ihrem eigenen Leben, in Ihrer Familie (denn betriebliche Gesundheitsförderung darf nicht am Werksgelände aufhören) oder in Ihrer Kommune Gesundheitsmaßnahmen kreativer zu gestalten.

Denn häufig stehen so gut wie alle, die sich mit Gesundheitsförderung und Prävention beschäftigen, vor einem zentralen Problem: Die jeweiligen Angebote erreichen längst nicht so viele Menschen wie gewünscht. Häufig fühlen sich nur sehr wenige aus der Zielgruppe von dem Angebot wirklich angesprochen und noch weniger zeigen langfristig eine tatsächliche Änderung des Gesundheitsverhaltens. Genau an dieser Stelle hilft Ihnen Nudging, Ihre Zielgruppen noch besser zu erreichen und nachhaltige Lösungen zu kreieren.

M. Krisam, *Nudging für ein gesundes Unternehmen*, essentials, https://doi.org/10.1007/978-3-658-38103-5_1

Um Sie noch besser durch dieses Buch zu führen, gebe ich Ihnen daher eine kurze Erläuterung, was Sie in den einzelnen Kapiteln erwartet:

- Kap. 2 (Was ist Nudging?) gibt einen kurzen Abriss in die historische, politische und gesundheitswissenschaftliche Entwicklung des Konzepts Nudging.
- Kap. 3 (Warum Nudging zur Gesundheitsförderung?) erläutert, warum insbesondere Nudging im Bereich der (betrieblichen) Gesundheitsförderung so viel Sinn macht.
- Kap. 4 (Einführung in das AEIOU-Modell) führt Sie in das einzige deutschsprachige Nudging-Modell zur Gesundheitsförderung ein.
- Kap. 5 (Praktische Beispiele in der betrieblichen Gesundheitsförderung) stellt Ihnen praxisnah mit dem AEIOU-Modell vor, welche Nudges Sie in den vier Handlungsfeldern *Bewegung, Ernährung, Entspannung* und *Tabakreduktion* im betrieblichen Setting einsetzen können.
- Kap. 6 (Mit dem AEIOU-Modell im Betrieb arbeiten) zeigt Ihnen Schritt für Schritt, wie Sie in Ihrem nächsten Gesundheitsprojekt das AEIOU-Modell einsetzen und erfolgreiche Maßnahmen in Ihrem betrieblichen Gesundheitsmanagement implementieren.
- Kap. 7 (Ethische Diskussionen ums Nudging) widmet sich der Kritik und der Diskussion rund ums Nudging mit den jeweils wichtigsten Kritikpunkten und Argumenten.

Eine kurze Empfehlung, um Sie möglichst effizient durch die Inhalte dieses Buchs zu führen: Wer noch neu im Thema ist, dem empfehle ich tatsächlich alle Kapitel der Reihe nach zu lesen. Wer bereits Grundkenntnisse im Nudging hat und primär an den praktischen Beispielen interessiert ist, kann die Kap. 2, 3, sowie 7 überspringen und sich primär den Kap. 4, 5 und 6 widmen.

Wer Nudging noch immer etwas kritisch beäugt oder für die nächste Diskussion über die ethische Korrektheit von Nudges besser vorbereitet sein möchte, dem empfehle ich in jedem Fall das Kap. 7 (Ethische Diskussionen).

Ich wünsche Ihnen viel Spaß sowie Kurzweil mit diesem Buch und insbesondere viel Erfolg bei den Nudges, die Sie zur Gesundheitsförderung von nun an einsetzen werden!

Was ist Nudging?

Nudging, bis vor wenigen Jahren ein noch weitgehend unbekanntes verhaltensökonomisches Konzept, findet zunehmendes Interesse bei allen Akteuren im Gesundheitswesen. Dabei ist es ursprünglich gar nicht spezifisch für eine Anwendung im Gesundheitsbereich entwickelt worden. Vielmehr ging es darum, mit Nudging „eine Steigerung der sozialen Wohlfahrt" zu erzielen (Vgl. Thaler und Sunstein 2009). Die Adressatengruppe waren daher primär Akteure der Politik und der öffentlichen Verwaltung. Als erstes politisches „Nudging-Organ" bildete sich in England dann das sogenannte „Behavioural Insights Team (kurz BIT)" oder „Nudge-Unit" genannt. Diese Gruppe ist seit ihrer Gründung im Jahre 2010 fortlaufend gewachsen und berät inzwischen weltweit politische Akteure im Kontext der Umsetzung verhaltenswissenschaftlicher Erkenntnisse.

Die Begründung des Nudging-Konzepts geht auf die beiden amerikanischen Professoren Cass Sunstein und Richard Thaler (Nobelpreis für Ökonomie 2017) zurück. Nudging definieren sie wie folgt:

„Nudges sind jegliche Aspekte einer Entscheidungsarchitektur, welche das Verhalten von Personen vorhersagbar beeinflussen, ohne bestimmte Handlungsoptionen durch Vorschriften und Gesetze vorzuschreiben oder zu verbieten oder entscheidungsrelevante ökonomische Anreize zu setzen. Ein Nudge muss einfach und günstig vermeidbar sein. Vorschriften sind keine Nudges. Obst auf Augenhöhe zu positionieren zählt als Nudge, Fast Food zu verbieten hingegen nicht" (Vgl. Thaler und Sunstein 2009).

Es geht also darum, Menschen unter Wahrung ihrer Wahlfreiheit zu besseren Entscheidungen „anzustupsen" (engl. *to nudge*). Dies geschieht in diesem Fall primär durch Änderungen der sogenannten Entscheidungsarchitektur (engl. *Choice architecture*). Damit ist die physische und immaterielle Umgebung gemeint, die Einfluss auf eine Entscheidung oder Verhalten nimmt: Also zum Beispiel eine

M. Krisam, *Nudging für ein gesundes Unternehmen,* essentials, https://doi.org/10.1007/978-3-658-38103-5_2

andere Positionierung von Speisen in einer Kantine (physisch) oder die Kommunikation sozialer Normen (immateriell). Zentral ist, dass die Entscheidungsfreiheit stets erhalten bleibt. Weiterhin grenzen sie Nudging von rein finanziellen Instrumenten ab. Bekomme ich zum Beispiel für eine bestimmte Handlung eine signifikante finanzielle Belohnung (z. B. 100 € für die einmalige Teilnahme an einem Rückenkurs), ist es kein Nudge mehr.

Der Verhaltenswissenschaftler Pelle Guldborg Hansen von der Roskilde University definiert Nudges wiederum etwas anders. Er legt in seiner Diskussion einen größeren Fokus darauf, dass Nudges sich insbesondere dadurch auszeichnen, dass sie menschliches Verhalten ändern, indem sie Routinen, Gewohnheiten und typische Denkfehler so nutzen, dass die Zielgruppe sich zu ihrem eigenen Nutzen verhält (Vgl. Hansen 2016, frei übersetzt aus dem Englischen).

Auch wenn die Nähe zu Werbung, Marketing und Produktplatzierung aus dem kommerziellen Bereich durchaus vorhanden und nicht von der Hand zu weisen ist (dazu mehr in Kap. 7 „Ethische Diskussionen"), ist wie bereits oben erwähnt das Ziel des Nudgings kein kommerzielles, sondern die Steigerung der sozialen Wohlfahrt. Zu Beginn nannten die beiden Begründer dieses Konzept zudem nicht Nudging, sondern „Libertärer Paternalismus" (Vgl. Thaler und Sunstein, 2003). Dies bringt zum Ausdruck, dass Nudging gerade zu Beginn primär in der Gestaltung öffentlichen Lebens eingesetzt werden sollte. In der heutigen Praxis ist es jedoch bei weitem nicht mehr nur darauf beschränkt, worum sich ja dieses Buch primär dreht.

2.1 Verhaltenswissenschaftliche Grundlage des Nudgings – Ein wenig Theorie

Die theoretische Grundlage des Nudging-Konzepts bilden die Arbeiten des US-amerikanischen Psychologen Daniel Kahneman (Kahneman 2012). Laut Kahneman nutzen Menschen vereinfacht zwei unterschiedliche Denksysteme, wenn sie Entscheidungen treffen (siehe Abb. 2.1):

1. Ein automatisches, schnelles und unbewusstes System, welches die meisten Entscheidungen im Alltag übernimmt (sogenanntes **System 1**)
2. Ein reflektierendes, bewusstes und langsames System, welches zum Einsatz kommt, wenn Menschen vor komplexen oder ungewohnten Entscheidungen stehen (sogenanntes **System 2**).

Merke
System 1: Schnelle, automatische und unbewusste Entscheidungen
System 2: Langsame, bewusste und rationale Entscheidungen

Abb. 2.1 System 1 und System 2. (Eigene Darstellung nach Kahneman)

Viele Maßnahmen zur Gesundheitsförderung und Prävention setzten in der Vergangenheit (und leider auch noch heute) auf der impliziten Prämisse auf, dass wir Menschen einfach nur genügend Informationen vermitteln müssen und diese sich dann bereits entsprechend verhalten werden. Das Menschenbild, was diesem Konzept zugrunde liegt, ist das des sogenannten ‚*Homo oeconomicus*‘; also einem rein rationalen Akteur, der sich immer so verhält, dass er genau weiß, was er will und in diesem Sinne rational im Interesse seines Wohlergehens handelt.

Und hier bauen Nudges auf einem neuen Verständnis auf: Denn sie setzen primär an **System-1-Entscheidungen** an, also an Denkprozessen, die eher automatisch und/oder routiniert ablaufen. Sie setzen weniger auf edukative oder rein informative Maßnahmen. Vielmehr geht es darum, automatische Muster zu erkennen und auf diese so einzuwirken, dass Menschen subtil zu einem für sie besseren – oder in unserem Fall *gesünderen* – Verhalten „angestupst" werden. Ein nüchterner Blick auf unsere eigenen – mitunter durchaus mal unvernünftigen oder ungesunden – Verhaltensweisen sollte die Einsicht fördern, dass dieser Ansatz Sinn macht. So steht für mich am Anfang einer jeden Nudging-Intervention die Erkenntnis, dass weder ich noch meine Zielgruppe rein rational ist.

2.2   Nudging als ein Teil der Verhaltenswissenschaften

Wie bereits erwähnt, entspringt Nudging der Disziplin der Verhaltensökonomie bzw. Verhaltenswissenschaften. Meine praktische Erfahrung hat mich darin gelehrt, dass es wichtig ist, nicht sklavisch ausschließlich Nudges einzusetzen. Vielmehr geht es darum, ein generelles Verständnis über die Routinen und Verhaltensmuster von Menschen zu gewinnen, um darauf aufbauend sinnvolle und erfolgreiche Maßnahmen umzusetzen.

Die Diskussion für bessere Maßnahmen im Gesundheitswesen sollte daher nicht mit „Nudging" enden. Vielmehr sollten wir in der Praxis die gesamte Klaviatur der Verhaltenswissenschaften bespielen, von denen Nudging einen Teil ausmacht. International ist daher der Begriff „Behavioural Insights" geläufig. Behavioural Insights lässt sich am besten verstehen als „die Anwendung kommunikations- und verhaltenswissenschaftlicher Instrumente zur Verhaltenssteuerung".

2.3   MINDSPACE und EAST: Zwei bisherige dominante Modelle der Behavioural Insights

Das bereits zuvor erwähnte Behavioural Insights Team (BIT) hat sich in den letzten Jahren ebenfalls darum bemüht, verhaltenswissenschaftlich basierte Maßnahmen so greifbar und praxisnah wie möglich zu machen. In diesem Kontext entwickelte das BIT zwei Modelle, die einen Rahmen zum Einsatz verhaltenswissenschaftlicher Instrumente bilden: MINDSPACE und EAST.

Beide Modelle stehen für Akronyme, die ich an dieser Stelle kurz erörteree.

MINDSPACE
MINDSPACE empfiehlt, auf folgende Elemente in der Gestaltung von Maßnahmen zu achten:

- Messenger: Man sollte eine:n vertrauensvolle:n Sender:in der Botschaft wählen, damit sich möglichst viele die Nachricht überhaupt anhören und danach handeln.
- Incentives: Maßnahmen sollten mit Anreizen gepaart werden, um sie damit attraktiver zu machen.
- Norms: Soziale Normen sollte man ebenfalls erwägen, indem man darauf hinweist, dass die Mehrheit bereits ein bestimmtes gewünschtes Verhalten zeigt.

Tab. 2.1 MINDSPACE auf einen Blick

Abk	Englischer Begriff	Deutscher Begriff
M	Messenger	Sender*in
I	Incentives	Anreize
N	Norms	(Soziale) Normen
D	Default	Standardoption
S	Salience	Bedeutung
P	Personalisation	Persönlichkeit
A	Affect	Emotionale Kommunikation
C	Commitment	Verbindlichkeit
E	Ego	Eigener Nutzen

- **Default:** Zudem lohnt es sich, eine (gesunde) Standardoption anzubieten. Ein sogenanntes Opt-out-Verfahren oder eine Widerspruchslösung wird zum Beispiel seit Jahren im Kontext der Organspende diskutiert.
- **Salience:** Um ein Angebot attraktiver zu machen, sollte die Bedeutung für die jeweilige Zielgruppe in den Vordergrund gerückt werden.
- **Personalisation:** Es ist wichtig, die Botschaft möglichst persönlich zu gestalten. Dies gilt sowohl für die Ansprache, als auch für den:die Absender:in.
- **Affect:** Was die Werbewirtschaft schon lange weiß, wissen die Verhaltenswissenschaftler:innen ebenfalls: Wir müssen unsere Botschaften so emotional wie möglich gestalten, damit sie unsere Zielgruppe erreichen und eine Reaktion auslösen.
- **Ego:** Am Ende sind wir uns doch selbst am nächsten. Daher spielt „Ego" darauf an, dass wir immer den eigenen Nutzen für den:die Adressat:in in den Vordergrund stellen (Tab. 2.1).

EAST

Mit MINDSPACE versuchte das BIT 2010 also das erste Mal, ihr Wissen praxisnah in die Öffentlichkeit zu bringen. EAST erschien dann als erweitertes und adaptiertes Modell im Jahre 2014 (Service et al. 2014).

EAST steht wiederum für

- **Easy:** Einfach
- **Attractive:** Attraktiv
- **Social:** Sozial
- **Timely:** Zeitlich passend

Tab. 2.2 Elemente von EAST auf einen Blick

Abk.	Engl.	Deutsch	Instrument
E	Easy	Einfach	Defaults/Standardoption
			Vereinfachung der Handlung
			Einfache Kommunikation
A	Attractive	Attraktiv	Bilder, Farben, Personalisierung
			Belohnungen/Sanktionen
S	Social	Sozial	Soziale Normen
			Commitment/Verbindlichkeit
			Aufbau und Einbezug einer Community/Gemeinschaft
T	Timely	Zeitlich passend	Passender Zeitpunkt für Verhaltensänderung
			Berücksichtigung unmittelbarer Kosten und Vorteile
			Unterstützung bei Planung (Identifizierung v. Barrieren)

Einige MINDSPACE-Elemente finden sich wieder, ein paar neue kamen dazu (siehe Tab. 2.2). Neu ist der Fokus auf die Vereinfachung der Handlung und Kommunikation, genauso die Ausgestaltung der attraktiven Ansprache über eine rein persönliche oder emotionsbasierte Kommunikation hinaus. Neben der Belohnung ergänzten sie zudem die Sanktion und berücksichtigten in Form der Community eine noch stärkere soziale Komponente. Einen ebenfalls stärkeren Fokus legten die Autor:innen auf die zeitliche Planung der Maßnahmen. Hierbei soll der passende Zeitpunkt berücksichtigt, die Planung unterstützt und auf die unmittelbaren Kosten und Vorteile aufmerksam gemacht werden.

2.4   Fazit

MINDSPACE und EAST sind meiner Meinung nach hervorragende Modelle, um sich schnell in den Kosmos der angewandten Verhaltenswissenschaften zu begeben. Sie werden bestimmt keinen Fehler machen, wenn Sie diese Modelle in der Praxis einsetzen. In diesem Buch werden Sie jedoch noch das AEIOU-Modell kennenlernen. Dieses Modell habe ich auf Basis von MINDSPACE und EAST speziell für den deutschsprachigen Raum und mit einem dedizierten Fokus auf Gesundheitsförderung entwickelt. Dazu mehr in Kap. 4.

Warum Nudging zur Gesundheitsförderung? Die Probleme der Sozialen Selektion in der betrieblichen Gesundheitsförderung

In diesem Kapitel erfahren Sie etwas über die besonderen Herausforderungen der Arbeit in der betrieblichen Gesundheitsförderung und warum Nudging genau hier die Lösung Ihrer Probleme bieten kann. Für den Beginn und für ein besseres Verständnis hole ich dabei etwas weiter aus und ziehe Bereiche der Gesundheitspolitik hinzu, um das größere Bild in der Präventionsarbeit nicht aus den Augen zu verlieren. Im Anschluss nehme ich Bezug auf die wichtigsten Herausforderungen in der betrieblichen Gesundheitsförderung und wie Nudges genau hier helfen können.

3.1 Wo steht Nudging im Kontext gesundheitspolitischer Maßnahmen?

Wie bereits angedeutet, konzipierten Thaler und Sunstein Nudging initial für den öffentlichen bzw. politischen Kontext. Auch wenn dieses Buch primär von der Anwendung von Nudges in der betrieblichen Gesundheitsförderung handelt, lassen Sie uns an dieser Stelle einen kleinen Exkurs in die Gesundheitspolitik machen, um Nudging noch besser einzuordnen. Viele Parallelen lassen sich dabei durchaus zu Aktivitäten im betrieblichen Setting ableiten.

Grundsätzlich können wir gesundheitspolitische Maßnahmen in folgende vier Gruppen einteilen:

1. Aufklärung und Bildung
2. Nudging bzw. Behavioral Insights
3. Finanzielle Maßnahmen/Steuern
4. Gesetze und Verbote

M. Krisam, *Nudging für ein gesundes Unternehmen,* essentials, https://doi.org/10.1007/978-3-658-38103-5_3

1. Aufklärung und Bildung: Die Erfahrung zeigt, dass sich insbesondere im Gesundheitsbereich sehr häufig auf die erste Gruppe bzgl. Aufklärung und Bildung konzentriert wird. Die – leider häufig nicht richtige – Grundprämisse lautet hier: „Je mehr Informationen ich über den Nutzen zur Verfügung stelle, desto eher wird unsere Zielgruppe sich wie gewünscht verhalten." Zum Beispiel versucht man, Diabetiker:innen über Informationsbroschüren zu einer gesünderen Ernährung zu bewegen. Gesundheitliche Aufklärung und Bildung sind unheimlich wichtig. Jedoch wird sich meiner Meinung nach zu häufig nur auf diesen Ansatz konzentriert.

2. Nudging und Verhaltenswissenschaften: Zur zweiten Gruppe rund um Nudging und Verhaltenswissenschaften zählen Maßnahmen, die nicht so sehr über rein rationale Mechanismen (System 2 nach Kahneman) vermittelt werden, sondern eher über automatische, teilweise unbewusste Mechanismen (also System 1). Ein Beispiel rund um die Corona-Impfung: Gelegenheiten, sich impfen zu lassen, wurden so einfach wie möglich gemacht und an Zentren, Arbeitsplätzen, Supermärkten oder gar Bussen ermöglicht. Die Bundesregierung setzte zudem prominente Testimonials (Messenger) oder Menschen aus der Mitte der Gesellschaft (soziale Normen) ein.

3. Finanzielle Maßnahmen/Steuern: In der dritten Gruppe finden sich finanzielle Maßnahmen, die im politischen Kontext eigentlich immer mit Steuern gleichzusetzen sind. Über Steuern haben wir in der Gesundheitspolitik im Grunde genommen immer zwei Möglichkeiten: Wir können die Steuern gesunder Produkte reduzieren und damit den Preis geringer werden lassen oder aber ungesunde Produkte mit einer höheren Mehrwertsteuer belegen und damit teurer machen (Deutsche Allianz Nichtübertragbarer Krankheiten).

4. Gesetze und Verbote: Die vierte Gruppe rund um Verbote und Gesetze legt dann mit dem größten Level der persönlichen Einschränkung fest, dass gewisse Dinge nicht mehr möglich sind. Eine Entscheidungsfreiheit für den Einzelnen liegt hier also nicht mehr vor. Eine Verbannung der Currywurst aus der Betriebsgastronomie wäre ein Beispiel dafür.

Praxisbeispiel der vier Instrumente der Gesundheitspolitik
Ein hervorragendes gesundheitspolitisches Beispiel, welches diese vier verschiedenen Maßnahmengruppen veranschaulicht, sind die Maßnahmen rund um die Tabakprävention. Gerade dieses Beispiel zeigt, dass wir unbedingt einen ganzen Maßnahmenkoffer einsetzen sollten, um erfolgreich zu sein (Levy et al. 2013):

Gruppe 1 „Aufklärung und Bildung": Die Tabakprävention setzte insbesondere auf Aufklärung in den Schulen, welche Schäden mit dem Rauchen einhergehen. Außerdem trugen von nun an alle Zigaretten-Verpackungen einen Aufdruck mit dem Hinweis auf gesundheitliche Gefahren.

Gruppe 2 „Nudging/Behavioural Insights": Neben dem sachlichen Hinweis auf die gesundheitlichen Gefahren trugen die Verpackungen möglichst abschreckende Bilder, die diese Hinweise noch einmal visuell verstärken. Zudem konnte man in Geschäften nicht mehr frei die Packungen greifen, sondern musste dem:der Verkäufer:in zunächst Bescheid geben, um an die Zigaretten zu kommen.

Gruppe 3 „Finanzielle Instrumente/Steuern": Weiterhin erhöhte man drastisch die Tabaksteuer, womit eine einzelne Zigarette noch einmal wesentlich teurer wurde.

Gruppe 4 „Gesetze und Verbote": Generell wurde das Rauchen im öffentlichen Raum erheblich eingeschränkt und war somit in Restaurants und vielen Kneipen nicht mehr möglich.

Diese Maßnahmen zur Tabakprävention zeigen tatsächlich wie wichtig es ist, alle Register zu ziehen und sich nicht nur auf eine bestimmte Maßnahmen-Kategorie festzulegen. Keine der genannten Maßnahmen hätte allein eine solche Wirkung entfalten können. Leider werden zu häufig die Maßnahmen der Gruppe 2 rund um Nudging und Behavioural Insights vernachlässigt und bereits sehr früh zu stark einschränkenden Maßnahmen gegriffen wie wir es zum Beispiel 2020 rund um die Teil-Masern-Impfpflicht erlebt haben (Bundesgesundheitsministerium 2020). Zumindest Ihnen als Leser:in dieses Buches wird dies in Zukunft nicht mehr passieren.

3.2 Von der Gesundheitspolitik zur betrieblichen Gesundheitsförderung

Die genannten Beispiele zeigen uns Möglichkeiten in der betrieblichen Gesundheitsförderung auf: Wir können unsere Mitarbeiter:innen über eine bestimmte Maßnahme ganz einfach informieren (z. B. das neue gesunde Frühstück in der Kantine). Wir können dieses Angebot besonders attraktiv und einfach gestalten (z. B. mit toller Werbung). Wir können bestimmte Preise erhöhen (z. B. Süßigkeiten am Automaten) oder reduzieren (z. B. für einen Apfel). Oder aber man verbannt ein bestimmtes Gericht vom Speiseplan (z. B. die Currywurst).

Jede dieser Maßnahmen geht mit einer steigenden Intensität des Eingriffs in die Entscheidungsfreiheit einher. Daher sollten solche Maßnahmen, egal in welchem Setting, immer sauber abgewogen und deren Konsequenzen berücksichtigt werden, insbesondere im betrieblichen Kontext.

3.3   Die Herausforderungen in der betrieblichen Gesundheitsförderung

Praktiker:innen in der betrieblichen Gesundheitsförderung müssen sich gleich mit mehreren Herausforderungen auseinandersetzen. Drei zentrale Herausforderungen möchte ich hier kurz benennen.

Soziale Selektion: Dass wir uns mehr bewegen, besser ernähren, nicht zu viel Alkohol trinken und nach Möglichkeit nicht rauchen sollten, ist so gut wie jedem bekannt. In der Regel müssen wir Kolleg:innen und Patient:innen nicht erklären, WAS sie für ein gesünderes Leben machen sollten. Entscheidend ist vielmehr das WIE. Wie können wir Menschen dazu bringen, an einem Angebot teilzunehmen? Wie können wir sie dazu bringen, dies regelmäßig zu tun? Wie können wir es schaffen, dass wir gesunde Routinen ausbilden, die sich im täglichen Handeln der Mitarbeiter:innen verfestigen?

Gerade im betrieblichen Gesundheitsmanagement haben in den vergangenen Jahren viele Betriebe aufgeholt und tolle Gesundheitsangebote geschaffen. Das Problem ist nur: Diese Angebote werden nur von einem Bruchteil der Belegschaft angenommen.

So zeigt sich insbesondere in der Präventionsarbeit, dass häufig nur die Menschen erreicht werden, die ohnehin schon gesundheitsbewusst sind. Dieses Phänomen nennt man soziale Selektion oder Präventionsdilemma (Altgeld 2021).

Begrenzte Ressourcen: Viele Engagierte im Bereich der betrieblichen Gesundheitsförderung stehen vor dfolgender Herausforderung: man möchte zwar umfassende Maßnahmen einleiten, die finanziellen und personellen Ressourcen erlauben aber nur sehr kleine Sprünge. Zudem herrscht mitunter die Unsicherheit, wie langfristig die zur Verfügung stehenden Ressourcen bereitgestellt werden. Vor allem kleine und mittelständische Unternehmen (KMUs) sehen darin eine große Herausforderung, für ihre Mitarbeiter passende Gesundheitsangebote aufzustellen und zu betreiben.

Anstieg chronischer Erkrankungen: Als Gesamtgesellschaft müssen wir uns mit allen Konsequenzen damit auseinandersetzen, dass wir einen eklatanten Anstieg chronischer Krankheiten erleben: Nicht nur, dass die Zahl an Diabetes Typ 2, Adipositas und Herz-Kreislauf-Erkrankungen zunimmt. Nein, diese Krankheiten treten auch wesentlich früher auf in der Lebensspanne. Dies geht mit frühen Krankheitsausgaben und Verdienstausfall einher (Huber 2021).

3.4　Wie kann Nudging diesen Herausforderungen entgegenwirken?

Auf Basis der oben genannten Herausforderungen können wir uns jetzt anschauen, inwiefern Nudging hier weiterhelfen kann. Abb. 3.1 veranschaulicht dazu die jeweiligen typischen Herausforderungen und den Lösungsvorschlag durch Nudging:

Soziale Selektion: Nudges arbeiten über automatische Muster. Somit sind so gut wie für alle Nudging-Maßnahmen keine besonderen intellektuellen Fähigkeiten erforderlich. Da wir insbesondere in unteren sozialen Schichten eine geringere Teilnahme an präventiven Programmen erkennen, überwindet Nudging diese Hürde, die mit edukativen Elementen einhergeht. Stattdessen können wir über alle sozialen und bildungstechnischen Schichten hinweg sehr ähnliche Verhaltensmuster ansprechen.

Drei zentrale Herausforderungen in der betrieblichen Gesundheitsförderung und die Lösung durch Nudges

Soziale Selektion	Begrenzte Ressourcen	Anstieg chron. Erkrankungen
Attraktive Ansprache aller Zielgruppen	Lösungen mit geringem Ressourcenaufwand	Effektive Änderung des Lebensstils

Abb. 3.1 Wichtige Herausforderungen in der betrieblichen Gesundheitsförderung (BGF) und die Lösung durch Nudges

Begrenzte Ressourcen: Es geht immer darum, wie wir mit limitierten Gütern möglichst effizient ein Ziel erreichen können. Nudges – und das werden Sie anhand der späteren Beispiele in diesem Buch erfahren – sind in der Regel sehr einfach und dezentral umzusetzen. Sie können natürlich eine große Nudging-Kampagne erfolgreich starten, aber können genauso im Kleinen und unkompliziert einfache und erfolgreiche Nudging-Maßnahmen in Ihrem Betrieb realisieren.

Anstieg chronischer Erkrankungen: So gut wie alle chronischen Erkrankungen haben fast immer den entscheidenden Ursprung im Lebensstil und in der direkten Lebensumgebung. Nudging und die Klaviatur der Verhaltenswissenschaften können zwar nicht auf genetische Dispositionen, wohl aber auf Verhaltensweisen und unsere unmittelbare Umgebung einwirken. Daher sind Nudges elementar, um diese Verhaltensweisen nachhaltig zu ändern.

Einführung in das AEIOU-Modell: Das Nudging-Framework zur Gesundheitsförderung

Wie im zweiten Kapitel erwähnt, haben sich international bereits mehrere Autoren (z. B. das britische Behavioural Insights Team bzw. BIT) mit Modellen (u. a. MINDSPACE und EAST) hervorgetan, die den praktischen Einsatz von Nudges befördern sollen (Service et al. 2014; Dolan et al. 2010). Daher sind bisher veröffentlichte Berichte wie beispielsweise „Nudging im Unternehmen" (Eichhorn und Ott 2019) nach wie vor von englischen Begriffen und dem von manchen späteren BIT-Mitgliedern entwickelten Modell MINDSPACE (Dolan et al. 2010) sowie EAST (Service et al. 2014) als dessen Weiterentwicklung geprägt. Dies stellt für eine niedrigschwellige Anwendung verhaltenswissenschaftlicher Erkenntnisse im deutschsprachigen Raum, insbesondere in dem weiterhin stark national geprägten Gesundheitssektor, eine zusätzliche (Sprach-)Barriere dar. Daher habe ich gemeinsam mit Eva Kuhn ein neues deutschsprachiges Nudging-Modell entwickelt, welches sich insbesondere auf die Anwendung zur Gesundheitsförderung konzentriert (Krisam und Kuhn 2021).

Ziele des AEIOU-Modells sind demnach

- die Entwicklung eines einzigen, übergreifend anwendbaren Modells der Verhaltenswissenschaften, und zwar
- in deutscher Sprache,

um Akteur:innen in Einrichtungen des Gesundheitssektors ein Instrument der Verhaltens- und Kommunikationswissenschaften für die Planung und Durchführung neuer Nudging-Interventionen an die Hand zu geben.

M. Krisam, *Nudging für ein gesundes Unternehmen,* essentials,
https://doi.org/10.1007/978-3-658-38103-5_4

4.1   Entwicklung des AEIOU-Modells

Als inhaltliche Grundlage wählten wir die beiden Modelle MINDSPACE und EAST. In einem ersten Schritt verglichen wir die einzelnen Bestandteile beider Modelle nach Redundanz und inhaltlich im Hinblick auf ihre Anwendbarkeit im Gesundheitssektor. Diese Auswahl ergänzten wir durch Maßnahmen, die wir bereits in der Praxis erprobt und eingesetzt hatten und in den bisherigen Modellen nicht abgedeckt waren.

Im letzten Schritt ordneten wir die einzelnen Bestandteile in thematische Übergruppen, die wir zur besseren Erinnerung in dem Akronym AEIOU zusammenfassten.

4.2   Inhalt des AEIOU-Modells

AEIOU steht für:

1. (Attraktive) Ansprache
2. Einfachheit
3. Incentivierung (also Anreize setzen)
4. Orientierung
5. Unmittelbarkeit

Den fünf Kategorien sind insgesamt 20 Instrumente nachgelagert (Abb. 4.3), die ich im Folgenden vorstelle.

Ansprache
Die erste Kategorie „Ansprache" zielt insbesondere auf die adressatengerechte Ansprache gesundheitsförderlicher Maßnahmen ab, die wir für eine ziel(gruppen)orientierte Gesundheitsförderung im Betrieb benötigen.

Visuelle Elemente
Wir verstehen die Bedeutung von Bildern schneller als Text und lenken unsere Aufmerksamkeit eher auf (Bewegt-)Bilder (Garcia-Retamero und Cokely 2013). Von daher ist es wichtig, gesundheitliche Botschaften nicht nur in Textform zu kommunizieren.

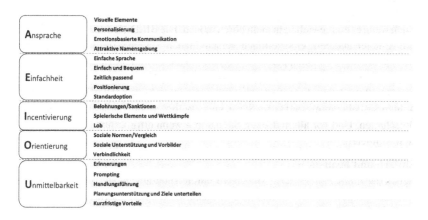

Ansprache	Visuelle Elemente Personalisierung Emotionsbasierte Kommunikation Attraktive Namensgebung
Einfachheit	Einfache Sprache Einfach und Bequem Zeitlich passend Positionierung Standardoption
Incentivierung	Belohnungen/Sanktionen Spielerische Elemente und Wettkämpfe Lob
Orientierung	Soziale Normen/Vergleich Soziale Unterstützung und Vorbilder Verbindlichkeit
Unmittelbarkeit	Erinnerungen Prompting Handlungsführung Planungsunterstützung und Ziele unterteilen Kurzfristige Vorteile

Abb. 4.3 Das AEIOU-Modell nach Krisam und Kuhn (2021)

Personalisierung

Wir fühlen uns eher angesprochen, wenn wir (a) persönlich angesprochen werden (z. B. „Lieber Herr Krisam" / „Hallo Mathias") sowie (b) wenn der:die Absender:in klar benannt ist (z. B. mit der handschriftlichen Unterschrift eines:r Ärzt:in) (Behavioural Insights Team 2012).

Emotionsbasierte Kommunikation

Die Werbung macht es uns vor: Unsere Entscheidungen sind massiv von Emotionen beeinflusst (Franken 2009). Bitte betrachten Sie daher unbedingt Werbung als große Inspirationsquelle für die Kommunikation Ihrer betrieblichen Gesundheitsmaßnahmen!

Attraktivität/Attraktive Namensgebung

Sogenanntes 'Rebranding' oder ‚Labeling' können wir einsetzen, um die Attraktivität von Angeboten zu steigern, ohne das Angebot selbst maßgeblich zu verändern. Ein neuer, auf die Zielgruppe abgestimmter Name kann ein Angebot wesentlich begehrenswert(er) machen.

Einfachheit

Die WHO betont es bereits in ihrem bekannten Slogan: „Make the healthy choice the easy choice". Unter dieser Kategorie stelle ich Ihnen daher fünf verhaltenswissenschaftlich basierte Bausteine vor, damit Sie genau das erreichen.

Einfache Sprache
Auch wenn es einige vielleicht nicht hören mögen: Die BILD-Zeitung verdankt ihren Erfolg unter anderem einer einfach verständlichen Sprache, die viele Menschen erreicht und kurz und knapp die wichtigsten Inhalte vermittelt. Das müssen wir bei dem Aufbau von Gesundheitskompetenz beachten (Hassel et al. 2017) und dabei auch im Betrieb mögliche Sprachbarrieren berücksichtigen (Dierks et al. 2000). Achten Sie daher immer auf kurze Sätze, kurze Wörter, wenig Fremdwörter und klare Botschaften. Und vor allem denken Sie daran – wenn erforderlich – mehrsprachig zu informieren.

Einfach und bequem
Neben der *Einfachen Sprache* können wir durch Änderungen der Entscheidungsarchitektur ein gewünschtes Verhalten so einfach wie möglich machen. Viele aus der Präventionswelt bezeichnen dies mit „niedrigschwellig".

Zeitlich passend
Es gibt bestimmte Zeitpunkte, die sich ganz besonders für eine Verhaltensänderung eignen. Achten Sie also bei Ihrer Planung darauf. Dies kann der Jahres- oder Quartalsanfang sein, eine Neustrukturierung des Teams, ein Büroumzug oder aber die richtige Tages- oder Jahreszeit für Ihr Angebot (Thompson et al. 2011).

Positionierung
Was gewiefte Restaurant-Besitzer, sowie Amazon und Google wissen: Wenn wir eine Option an erster Stelle platzieren, wird sie häufiger gewählt (Kim et al. 2019). Machen Sie sich das auch in der Präsentation Ihrer Gesundheitsangebote zunutze.

Standardoption
Machen Sie die gesunde Option zur Standardoption: Wenn sich Ihre Mitarbeiter:innen nicht aktiv für etwas anderes entscheiden, bekommen Sie diese. Sie werden sehen, dass Sie hier enorme Effekte erzielen werden (Halpern et al. 2007).

Incentivierung
Wir ändern nur dann unser Verhalten, wenn wir darin einen persönlichen Benefit sehen. Hier erfahren Sie die passenden Instrumente.

Belohnungen/Sanktionen
Sie können sowohl mit kleineren finanziellen Anreizen arbeiten, als auch mit symbolischen (wie z. B. Medaillen) (Johnson et al. 2016). Seien Sie jedoch sehr wählerisch mit Sanktionen im Betrieb.

Spielerische Elemente und Wettkämpfe
Auch uns Erwachsenen bleibt unser Spaß am Spiel (Horstmann et al. 2018):
Setzen Sie also spielerische Elemente oder komplette Wettkämpfe in Ihrem Betrieb
ein. Diese adressieren den menschlichen Spieltrieb.

Lob
Sie dürfen niemals vergessen: Wir hören alle gerne Lob. Verhaltenswissenschaftlich
sorgt ein unmittelbares Lob dafür, dass Dopamin ausgeschüttet wird und damit
das Verhalten positiv verstärkt (Clear 2018). Nutzen Sie dies für sich und Ihre
Mitarbeiter:innen. Es ist komplett kostenlos!

Orientierung
Wir sind und bleiben soziale Wesen. Daher ist es für uns besonders wichtig, was
unsere Mitmenschen tun und wir orientieren unsere Werte und Verhaltensweisen
daran (Thaler und Sunstein 2009). Mit diesem Wissen können Sie höchst effektive
Maßnahmen verabschieden.

Soziale Normen/Sozialer Vergleich
Soziale Normen, insbesondere durch Vergleiche mit einer Bezugsgruppe und Information über das Verhalten anderer, erweisen sich als sehr effektiv (Fahr und Ort
2019). Machen Sie also deutlich, dass die Mehrheit oder eine bestimmte angesehene
Gruppe bereits ein gewünschtes Verhalten ausführt.

Soziale Unterstützung und Vorbilder
In der Gemeinschaft fällt es uns leichter, Unterstützung und Vorbilder zu finden
(Krisam et al. 2020b). Setzen Sie also gezielt angesehene Mitarbeiter:innen als
sogenannte Testimonials ein.

Verbindlichkeit
Wir erreichen ein bestimmtes Ziel mit einer größeren Wahrscheinlichkeit, wenn wir
es öffentlich vor anderen niederschreiben (Volpp und Hall 2014). Nutzen Sie das in
Ihrem Kolleg:innenkreis.

Unmittelbarkeit
Oft denken wir, dass die Vorteile gesundheitsförderlichen Verhaltens erst weit
in der Zukunft liegen. Unser Verhalten und Denken ist jedoch in der Regel auf
unmittelbare Benefits ausgelegt. Daher müssen wir darauf achten, Vorteile und
Entwicklungsschritte direkt und unmittelbar greifbar zu machen.

Erinnerungen

Ganz simple und regelmäßige Erinnerungen sind ein sehr wirkungsvolles Instrument, ein gesundes Verhalten zur Routine werden zu lassen (Vilella et al. 2004).

Prompting

Können Erinnerungen insbesondere digital ausgespielt werden, beschreibt *Prompting* die Bereitstellung von kurzen, relevanten Informationen an dem Ort und zu der Zeit, wenn die Entscheidung getroffen wird (Soler et al. 2010). Dies ist zum Beispiel bei Kaufprozessen hoch effektiv.

Zur Handlung führen

Beim Erlernen neuer Verhaltensweisen brauchen wir häufig eine gewisse Führung von außen. Dies kann zum Beispiel eine gute Übersicht von Gesundheitsangeboten sein, die je nach Präferenz des Mitarbeiters eine spezifische individuell zugeschnittene Auswahl anzeigt.

Planungsunterstützung/Ziele in Zwischenziele unterteilen

Ist das neue Verhalten eher komplex, sollten wir die Zielgruppe bei der Planung unterstützen. Große Ziele sollten wir daher in kleine Etappen einteilen. Mit entsprechendem Lob und Anreizen halten wir die Motivation aufrecht und stärken die Selbstwirksamkeit (Giles et al. 2014).

(Kurzfristige) Vorteile

Unterstützend zur Planung in Etappen, sollten wir die Aufmerksamkeit regelmäßig auf kurzfristige Vorteile lenken (Robinson 2010). Andererseits kann die Motivation schnell sinken und das langfristige Ziel gerät ebenfalls aus den Augen.

4.3   Fazit

Sie haben nun das AEIOU-Modell kennengelernt und bereits eine konkrete Vorstellung, wie Sie mit Nudges neue Maßnahmen anstoßen können. Verstehen Sie das Modell als strukturierte Inspirationsquelle, um kreative Lösungsansätze zu entwickeln. Im folgenden Kapitel erhalten Sie an das AEIOU-Modell angelehnt zahlreiche praktische Nudging-Beispiele aus den Themenbereichen Bewegung, Ernährung, Entspannung, Tabakreduktion und digitale Gesundheitsförderung.

Praktische Beispiele in der betrieblichen Gesundheitsförderung mit dem AEIOU-Modell

5

Nachdem ich Ihnen den Aufbau des AEIOU-Modells erläutert habe, stelle ich Ihnen anhand fünf relevanter Themenfelder ganz konkrete Beispiele vor. Sehen Sie dies als erste Ideenstütze. Auf Ihren Betrieb mögen andere Maßnahmen möglicherweise besser zutreffen. Vielleicht können Sie aber die ein oder andere Idee direkt in Ihrem Unternehmen erfolgreich einsetzen.

5.1 Beispiel 1: Bewegung im Betrieb fördern durch Nudging

Ansprache

Visuelle Elemente: Platzieren Sie vor und an einer Treppe Nudges, die zur Benutzung dieser aktivieren. Dies gelingt Ihnen zum Beispiel durch Pfeile an Boden, Wand und Treppe, die zur Treppe zeigen oder führen.

Personalisierung: Kündigen Sie ein neues Bewegungsangebot durch eine angesehene Führungskraft an.

Emotionsbasierte Kommunikation: Sie müssen das Rad nicht neu erfinden. Schauen Sie sich einfach an, mit welchen Bildern und Emotionen erfolgreiche Firmen wie beispielsweise Peloton, Adidas oder Garmin Menschen zu mehr Bewegung aktivieren und verwenden Sie vergleichbare Elemente in Ihrer Kommunikation.

Attraktivität/Attraktive Namensgebung: Bleiben wir bei der Treppe: Häufig sind die Treppenhäuser von Büros (aber auch von 5-Sterne-Hotels) sehr langweilig und unschön. Machen Sie aus Ihrem Treppenhaus ein Erlebnis und Sie werden sehen, dass mehr Mitarbeiter:innen dieses frequentieren werden.

© Der/die Autor(en), exklusiv lizenziert an Springer Fachmedien Wiesbaden GmbH, ein Teil von Springer Nature 2022
M. Krisam, *Nudging für ein gesundes Unternehmen,* essentials,
https://doi.org/10.1007/978-3-658-38103-5_5

Einfachheit

Einfache Sprache: Halten Sie sich bei jeder Ankündigung eines neuen Bewegungskurses an folgende Prämissen: möglichst wenige und kurze Wörter, genauso wie kurze Sätze, keine Fremdwörter und aktive Verben.

Einfach und bequem: Reduzieren Sie den Aufwand für die Anmeldung an einem Bewegungskurs auf ein Minimum. Im besten Fall online mit nur einem Klick.

Zeitlich passend: Achten Sie darauf, dass Bewegungsangebote zeitlich in den Arbeits- und Tagesablauf Ihrer Zielgruppe passen.

Positionierung: Im Optimalfall merken Ihre Mitarbeiter:innen gar nicht, dass Sie sie aktiv zu mehr Bewegung „anstupsen". Ordnen Sie also Meetingräume, Einzelbüros, Kantine oder Poststationen so an, dass Ihre Mitarbeiter:innen sich immer ein wenig bewegen müssen, um dorthin zu gelangen.

Standardoption: Sie haben ein neues Bewegungsangebot? Laden Sie doch einfach all Ihre Mitarbeiter:innen digital zu einem Termin ein. Der Aufwand für die Teilnahme wird somit auf ein Minimum reduziert. Eine Nichtteilnahme muss natürlich einfach möglich sein und darf keine negative Konsequenz haben. Das bedeutet ganz konkret, dass der Termin zwar in allen Kalendern vermerkt, die Teilnahme aber gut sichtbar freiwillig bleibt.

Incentivierung

Belohnungen/Sanktionen: Bei einer Bewegungs-Challenge (siehe folgenden Praxisbeispiel) sollten Sie etwas Mühe in die Auswahl des Preises stecken. Er muss für die Zielgruppe wirklich interessant sein. Im besten Fall fragen Sie sie direkt, was sie denn wirklich anspornen würde!

Spielerische Elemente und Wettkämpfe: Organisieren Sie mit einem Partner, der Ihnen eine App zur Verfügung stellt, oder ganz basal mit eigenen Ressourcen und Schrittzählern eine Schritte-Challenge in Ihrem Unternehmen.

Praxisbeispiel: 30mal30 – Die Bewegungs-Challenge für Berlin
Im August/September 2021 bewegten wir mit 30mal30 die ganze Stadt Berlin. Über eine Schritte-App konnte jede:r Berliner:in kostenlos teilnehmen, jeden Tag Gutscheine gewinnen und in Teams gegeneinander antreten. Unterstützt wurde die Aktion durch zahlreiche Berliner Prominente und Influencer:innen (Abb. 5.1).

Lob: Fitnesstracker können ohne großen Aufwand Lobnachrichten für (selbst kleinste) erreichte Ziele senden. Achten Sie darauf, im direkten Miteinander Ihre

Abb. 5.1 Poster von
30mal30

Zielgruppe für ihr Verhalten jederzeit zu loben. Es klingt einfach, aber es ist die Grundlage zum Aufbau durch Routinen. Außerdem bessert es elementar die Stimmung im Team.

Orientierung

Soziale Normen/Sozialer Vergleich: Machen Sie bei einem Angebot deutlich, dass schon sehr viele Kolleg:innen dieses Bewegungsangebot wahrnehmen: „Bereits 321 unserer Mitarbeiter:innen nehmen an dieser Maßnahme teil". Dies kann Unentschlossenen signalisieren, dass es vollkommen normal ist oder sogar ausdrücklich positiv gesehen wird, ebenfalls an diesem Kurs teilzunehmen.

Soziale Unterstützung und Vorbilder: Nutzen Sie die Kraft von Multiplikator:innen, die konsequent im Alltag und vor anderen Kolleg:innen mit gutem

Abb. 5.2 Spruch/Aufkleber von #treppegehtimmer

Beispiel vorangehen, indem sie die Treppe nehmen oder an gut sichtbaren Bewegungsangeboten teilnehmen.

Verbindlichkeit: Zwei oder mehrere Teams halten sich jeweils öffentlich Ihre Ziele gegenüber und schreiben diese gut sichtbar auf. Dann startet eine Bewegungsaktion, deren Zwischenstand wöchentlich von allen Seiten geprüft wird.

Unmittelbarkeit

Erinnerungen: Nutzen Sie kleine subtile (digitale) Hinweise, um regelmäßig vom Schreibtisch aufzustehen oder auf besondere Bewegungsangebote hinzuweisen.

Prompting: Nutzen Sie kurze sprachliche (im besten Fall variierende) Gesundheitsimpulse an Treppen, um die Benutzung besonders attraktiv zu machen (Abb. 5.2).

Zur Handlung führen: Ihr Betrieb verfügt über diverse Bewegungsangebote? Helfen Sie beim Auswahlprozess und machen Sie individuelle Vorschläge je nach Vorliebe, je nach Ziel, zeitlicher Verfügbarkeit und Fitnesszustand.

Planungsunterstützung/Ziele in Zwischenziele unterteilen: Definieren Sie gemeinsam ein großes fernes Bewegungs- oder Leistungsziel. Legen Sie dann quantifizierbare Meilensteine mit einem festen Zeitpunkt fest. Im Optimalfall halten Sie mögliche Hindernisse mit einem Plan fest, wie Sie beim Eintreffen dieser Barrieren reagieren. Die Premium-Variante hält zudem fest, wie genau Sie sich belohnen, wenn Sie dieses Zwischenziel erreichen.

(Kurzfristige) Vorteile: Suchen Sie nach den zahlreichen kurzfristigen Vorteilen, die die Wahrnehmung eines Sportkurses bietet und kommunizieren Sie diese Benefits: Stressentlastung, gemeinsamer Spaß, Stolz nach dem erreichten Ziel, das tolle Gefühl unter der Dusche danach und und und…

5.2   Beispiel 2: Bessere Ernährung im Betrieb fördern durch Nudging

Tatsächlich ist Ernährung der Bereich, in dem Nudging bisher am häufigsten und am erfolgreichsten eingesetzt wurde (Mertens et al. 2022). Daher hier ein paar Ideen, wie Sie Ihre Mitarbeiter:innen ganz einfach zu einer gesünderen Ernährung bewegen können. Dafür braucht es nämlich nicht unbedingt die Verbannung der Currywurst aus der Kantine …

Bitte verstehen Sie auch diese Vorschläge als Impulse. Manche Anregungen mögen bei Ihnen genau ins Schwarze treffen, andere komplett nach hinten losgehen und wieder andere müssen Sie noch ein wenig anpassen. Sie sind die Expert:innen für Ihre Zielgruppe – wählen und testen Sie aus, was am besten zu Ihren Mitarbeiter:innen passt.

Ansprache

Visuelle Elemente: Arbeiten Sie mit Siegeln, die gesunde Speisen bei der Essensauswahl (online/offline) kennzeichnen.

Personalisierung: Laden Sie einzelne Abteilungen zu besonderen Verkostungen ein. Ergänzen Sie dies zudem durch eine Teilhabe an der Entscheidungsfindung für gute und gesunde Speisen, die jede Abteilung auswählen kann und entsprechend deklariert wird. Dies steigert ungemein die Identifikation.

Emotionsbasierte Kommunikation: Stellen Sie die emotionalen Vorteile einer gesunden Ernährung in den Vordergrund.

Attraktive Namensgebung: Benennen Sie Speisen nach Attributen, die für Ihre Zielgruppe als wertvoll wahrgenommen werden.

Einfachheit

Einfache Sprache: Achten Sie auf eine sehr einfache und klare Sprache in der Ankündigung von Speiseplänen.

Einfach und bequem: Entwickeln Sie Maßnahmen, die das Greifen nach gesunden Speisen so einfach wie möglich machen: in der Kantine, am Getränke-/Snackautomat, in der Cafeteria, im Büro ...

Zeitlich passend: Verknüpfen Sie ein neues gesundes Speiseangebot mit dem Frühlingsanfang und bieten Sie es an einem besonders schönen Ort an.

Positionierung: Platzieren Sie in der Kantine oder im Snack-Automaten gesunde Speisen vor/über ungesunde bzw. an erster Stelle.

Standardoption: Machen Sie die gesunde Speise zur Standardauswahl, wenn jemand nichts bestellt hat.

Incentivierung

Belohnungen/Sanktionen: Geben Sie einen Apfel „gratis" dazu bei der Auswahl eines gesunden Gerichts. Natürlich kann dieser offiziell in der Preiskalkulation berücksichtigt werden.

Spielerische Elemente und Wettkämpfe: Stellen Sie eine Süßigkeiten-Kiste auf, bei der das Team gewinnt, welches am wenigsten genascht hat. Platzieren Sie die Kiste aber nicht zu prominent und sichtbar. Sonst werden Sie fortlaufend daran erinnert – eher kontraproduktiv, um ein Verhalten abzulegen.

Lob: Belohnen Sie digital die Auswahl einer gesunden Speise mit einem Lob.

Orientierung

Soziale Normen/Sozialer Vergleich: Bringen Sie in der Kantine oder online eine Anzeige an: „Bereits 88 deiner Kolleg:innen haben ebenfalls diese Speise gewählt."

Soziale Unterstützung und Vorbilder: Führungskräfte sollten bei der Essensauswahl mit gutem Beispiel und guter Essensauswahl als Testimonial vorangehen.

Verbindlichkeit: Ein Team hält öffentlich fest, dass es über einen bestimmten Zeitraum nur noch gesunde Speisen wählt und auf Süßigkeiten (zumindest zeitweise) verzichtet.

Unmittelbarkeit

Erinnerungen: Senden Sie Push-Nachrichten mit dem Hinweis auf die gesunde Speise an Mitarbeiter:innen, die noch nicht gewählt haben.

Prompting: Bringen Sie in der Cafeteria kleine Hinweisschilder an, die zum Kauf gesunder Produkte aktivieren.

Zur Handlung führen: Geben Sie Ihren Mitarbeiter:innen einfache, klare Handlungspläne für eine gesunde Ernährung an die Hand.

Planungsunterstützung/Ziele in Zwischenziele unterteilen: Wenn Sie wirklich langfristig Ernährungsgewohnheiten ändern möchten – zum Beispiel kein Naschen von Süßigkeiten mehr am Nachmittag: Legen Sie gemeinsam verbindliche Zwischenziele fest, die als handhabbar erscheinen.

(Kurzfristige) Vorteile: Warum nicht mal direkt werden: „Keine Lust auf Food-Koma um 14:15 Uhr? Dann bist du mit dieser Speise genau richtig!"

5.3 Beispiel 3: Mehr Entspannung fördern im Betrieb

Wir alle wissen, dass die Belastung am und neben dem Arbeitsplatz enorm zugenommen hat. Wir erleben einen zunehmenden Anstieg mentaler Beschwerden (Bernatzeder 2017). Natürlich können Sie nicht gleich alle Verstimmungen oder gar psychischen Erkrankungen vermeiden. Aber Sie können in jedem Fall etwas dafür tun, dass Ihre Belegschaft zu einer Balance von Spannung und Entspannung kommt. Daher hier ein paar Impulse, wie Sie mit Nudges für mehr Entspannung und Achtsamkeit im Betrieb sorgen können:

Ansprache

Visuelle Elemente: Geben Sie Ihren Mitarbeiter:innen die Möglichkeit, mit Ampelfarben die aktuelle Belastung zu reflektieren. Die Wiedergabe und die Interpretation ist so besonders einfach zu verstehen und fördert daher eher eine tatsächliche Reaktion darauf.

Personalisierung: Wenn Sie genau wissen, welche Abteilung oder welches Team von einem Entspannungsangebot profitieren würde, laden Sie diese persönlich ein. Möglicherweise kann ein angesehener Coach oder Mitarbeiter:in diese Nachricht persönlich überbringen.

Emotionsbasierte Kommunikation: Die emotionalen Vorteile von Entspannungs-übungen sind so vielfältig. Sprechen Sie diese an und kündigen Sie nicht nur einen „Atemkurs" an.

Attraktive Namensgebung: Apropos „Atemkurs": Überlegen Sie sich eine pas-sende Bezeichnung für ein Entspannungsangebot, die die Interessen und Vorlieben Ihrer Zielgruppe bedient. Sie haben durchaus die Möglichkeit, das identische Yoga-Angebot beispielsweise einmal für Männer und einmal für Frauen zu „labeln". Seien Sie gespannt auf die Ergebnisse!

Einfachheit

Einfache Sprache: Wie bei den anderen Handlungsfeldern: Formulieren Sie es kurz und knackig.

Einfach und bequem: Entwickeln Sie Entspannungsübungen, die jede:r Mitarbei-ter:in ohne Aufwand direkt am Arbeitsplatz umsetzen kann. Möglicherweise so, dass andere es noch nicht einmal mitbekommen.

Zeitlich passend: Achten Sie beispielsweise bei schwer zu erreichenden Ziel-gruppen darauf, dass Entspannungsübungen mit dem geringstmöglichen zeitlichen Aufwand einhergehen. Oder definieren Sie ganz konkrete Wenn-Dann-Pläne: „Wenn ich merke, dass ich mich wieder über die andere Abteilung aufrege, dann atme ich bewusst dreimal tief in den Bauch ein und gebe mir Mühe, so breit wie möglich zu lächeln."

Positionierung: Viele Unternehmen verfügen bereits über einen Entspannungs-raum. Doch häufig ist die Frequentierung sehr gering. Ich stelle immer wieder fest, dass diese Räume sehr abgelegen sind und viele Mitarbeiter:innen gar nicht wissen, dass sie existieren bzw. wie sie sie erreichen. Wenn Sie wirklich wollen, dass Ihre Zielgruppe diese Räume benutzt, positionieren Sie diesen Raum an einem promi-nenten Ort. Unterstützen Sie gerne mit Pfeilen auf dem Boden oder mit Wegweisern (→ *Visuelle Elemente*).

Standardoption: Kommunizieren Sie ein Entspannungsangebot so, dass alle daran teilnehmen sollen – zumindest an einer einmaligen Aktion. Nutzen Sie dann diesen Moment, um gleich auf Folgeangebote aufmerksam zu machen.

Incentivierung

Belohnungen/Sanktionen: Belohnen Sie die regelmäßige Teilnahme an einem digitalen Atemkurs mit einem besonderen Preis.

Spielerische Elemente und Wettkämpfe: Ein Wettkampf kann tatsächlich die Anspannung erhöhen. Achten Sie daher bei dem Handlungsfeld Entspannung eher darauf, dass Ihre Zielgruppe spielerisch und mit Spaß an das neue Angebot herangeführt wird.

Lob: Loben Sie die Teilnahme an einem digitalen Atemkurs unmittelbar nach dem Kurs und machen Sie deutlich, dass Ihr:e Mitarbeiter:in sich damit selbst einen großen Gefallen getan hat.

Orientierung

Soziale Normen/Sozialer Vergleich: Soziale Vergleiche wirken umso stärker, je mehr Sie eine Referenzgruppe heranziehen, mit denen sich Ihre Zielgruppe identifiziert. Wenn Sie es zum Beispiel schwer haben, insbesondere Männer zu einem Entspannungsangebot zu bewegen, weisen Sie daraufhin, wie viele Männer bereits an diesem Kurs teilnehmen oder teilgenommen haben.

Soziale Unterstützung und Vorbilder: Haben Sie Entspannungskurse im Angebot, in denen Raum geschaffen werden soll, um auch mal Schwäche oder Unsicherheit zu zeigen? Hier können Führungskräfte, die sich öffnen, mit gutem Beispiel vorangehen und Nähe schaffen.

Verbindlichkeit: Wie immer gilt es auch hier: Hält ein:e Mitarbeiter:in oder ein Team ein bestimmtes Ziel öffentlich fest – wird die tatsächliche Ausführung wahrscheinlicher. Dies kann zum Beispiel die regelmäßige Teilnahme an einem Entspannungskurs sein.

Unmittelbarkeit

Erinnerungen: Nutzen Sie einfache digitale regelmäßige Reminder, die zu kurzen achtsamen Übungen einladen.

Prompting: Gehen Sie auf die Suche nach Orten, wo Menschen in der Regel ohnehin warten. Platzieren Sie insbesondere dort Impulse zu kleinen achtsamen Momenten (z. B. im Fahrstuhl).

Zur Handlung führen: Finden Sie genau heraus, wie Ihre Mitarbeiter:innen zu einem jeweiligen Entspannungsangebot stehen. Überlegen Sie dann, welche kleinen niedrigschwelligen Angebote Sie machen können, um diese peu à peu zur fortlaufenden Achtsamkeit zu begleiten.

Planungsunterstützung/Ziele in Zwischenziele unterteilen: Gerade bei Mitarbeiter:innen, die zum Beispiel nach einer Erkrankung wieder eingegliedert werden, ist es wichtig, Zwischenziele zu definieren. Machen Sie es greifbar, wie sie Schritt für Schritt wieder gefestigter werden und im Alltag ankommen können.

(Kurzfristige) Vorteile: Machen Sie Ihren Mitarbeiter:innen klar, welche kurzfristigen Vorteile, sie durch Ihre Angebote bekommen: Mehr Konzentration, mehr Freude, mehr Kreativität.

5.4   Beispiel 4: Tabakreduktion im Betrieb – leicht gemacht

Sicherlich ist der Tabakstopp oder die Tabakreduktion eine der schwierigsten Aufgaben, die wir im Gesundheitssystem, aber vor allem die Tabakkonsument:innen zu bewältigen haben. Dessen bin ich mir voll bewusst. Rauchen kann mit so starken biologischen Abhängigkeitserscheinungen einhergehen, dass es absolut blauäugig wäre, zu behaupten, dass es lediglich einen starken Willen braucht. Sie als BGM/BGF-Verantwortliche:r oder -Interessierte:r sollten sich dessen bewusst sein. Nichtsdestotrotz sollten Sie nach Impulsen suchen, die Ihre Zielgruppe auf dem Weg zu einer Tabakreduktion begleiten. Hier finden Sie einige Ideen, wie Ihnen das gelingen kann.

Hinweis: Da es in diesem Fall darum geht, ein bestimmtes Verhalten **nicht** zu tun (im Gegensatz zu den anderen Themenfeldern, wo immer aktiv ein bestimmtes Verhalten gefördert wurde), überführe ich hier einige Elemente des AEIOU-Modells in das Gegenteil. So soll das Rauchverhalten nicht besonders einfach, bequem und prominent platziert werden, sondern möglichst aufwändig und unattraktiv.

Ansprache

Visuelle Elemente: Wenn Sie explizite Raucherecken auf Ihrem Gelände zur Verfügung stellen, teilen Sie diese in unterschiedliche Bereiche ein, je nach der Anzahl der täglich gerauchten Zigaretten. So erhalten insbesondere diejenigen, die mit dem Rauchen aufhören möchten, eine visuelle Orientierung. In der Regel geht damit auch → *Lob* einher, entweder durch andere, die dies beobachten oder durch eine intrinsische Belohnung auf dem langen Weg, welches in → *kleine Ziele unterteilt* wird.

Personalisierung: Wenn Sie genau wissen, wer raucht und bereit ist aufzuhören, adressieren Sie diese mit spezifischen Angeboten persönlich.

Emotionsbasierte Kommunikation: Natürlich ist hier die Tabakwerbung ein sehr starker Gegenspieler und ein wahrer Könner, um mit Emotionen die scheinbar positiven Seiten des Rauchens hervorzuheben. Setzen Sie hier andere Emotionen gegenüber, die mit einem Rauchstopp einhergehen: Wieder mehr Geschmack, Spielen mit den Enkelkindern, mehr Bewegung an der frischen Luft etc.

Attraktivität/Attraktive Namensgebung: Überlegen Sie sich einen prägenden negativen Begriff für Zigaretten oder Zigarettenpause. Auch hier gilt wieder: Richten Sie diesen nach Ihrer Zielgruppe aus. Befragen Sie diese doch einfach, was sie für Ideen haben – zumindest diejenigen, die aufhören möchten.

Einfachheit

Einfache Sprache: Achten Sie wie bei den anderen Handlungsfeldern auf eine sehr einfache und klare Sprache in der Ankündigung von Rauchstopp-Angeboten. Achten Sie darauf, weder negativ zu werten noch zu belehren.

Einfach und bequem: Einfach und bequem soll beim Rauchen nur das Nichtrauchen werden. Ein häufiger Grund fürs Rauchen ist der soziale Austausch und sich einmal dem Stress zu entziehen. Installieren Sie so also gut sichtbare und einfach zu erreichende **Nicht**raucherecken, die Raucher:innen und Nichtraucher:innen nutzen dürfen und sollen. Natürlich darf hier explizit nicht geraucht werden, die ganzen anderen wichtigen sozialen Faktoren werden jedoch nach wie vor gefördert.

Zeitlich passend: Achten Sie bei der zeitlichen Platzierung von Rauchpräventionsprogrammen auf besondere Lebensumstände bei den individuellen Personen. Gut geeignet sind folgende Ereignisse: Neuer Job, Umzug, neues Jahr oder die Geburt eines Kindes.

Positionierung: Auch hier geht es wieder darum, die Möglichkeit zum Rauchen nicht so einfach und prominent wie möglich zu positionieren, sondern so aufwändig und wenig sichtbar wie möglich. Raucherecken hingegen sollten also sehr weit weg sein und nicht besonders schön oder sozial ansprechend.

Standardoption: Überlegen Sie sich ein Alternativangebot, welches Raucher:innen anstelle der Raucherpause wahrnehmen. Dies ist immer einfacher als gleich komplett darauf zu verzichten. So kann eine graduelle Reduktion gelingen.

Incentivierung

Belohnungen/Sanktionen: Überlegen Sie gemeinsam mit Ihrer Zielgruppe: Was könnte beim regelmäßigen Rauchen ganz besonders weh tun: In der Regel sind dies die summierten Kosten. So könnten Sie einen Raucherbereich nur nach Anmeldung zur Verfügung stellen und den Zugang nur per Chip sicherstellen. Dieser Chip zählt beim Zugang die Anzahl der Zigaretten und bildet daraus eine Gesamt-Kostensumme, die bei jedem Aufsuchen angezeigt wird.

Spielerische Elemente und Wettkämpfe: Wie bei den anderen Handlungsfeldern bereits beschrieben: in der Gruppe wird das Zielverhalten einfacher. Machen Sie ein Angebot, in dem zwei Raucher-Teams, deren Mitglieder jeweils mit dem Rauchen aufhören möchten, in einem mehrwöchigen Nichtraucher-Wettbewerb gegeneinander antreten. Bieten Sie dem Gewinner-Team eine wirklich attraktive Belohnung an, und dem Verlierer-Team auch, wenn es definierte Meilensteine erreicht.

Lob: Platzieren Sie Lob-Botschaften an den zuvor erwähnten **Nicht**raucherecken.

Orientierung

Soziale Normen/Sozialer Vergleich: Kommunizieren Sie, wie viele Kolleg:innen es bereits geschafft haben, mit dem jeweiligen Angebot oder im vergangenen Jahr, mit dem Rauchen aufzuhören.

Soziale Unterstützung und Vorbilder: Wenn Sie Angebote zur Rauchreduktion haben, lassen Sie die Einladung durch ehemalige Raucher:innen verschicken oder aussprechen.

Verbindlichkeit: Beim Rauchen hilft es wie bei anderen Vorhaben, wenn der:die Raucher:in das Ziel öffentlich vor anderen Kolleg:innen bekennt. Im besten Fall sind sogar auch die Familie und Freunde eingeweiht.

Unmittelbarkeit

Erinnerungen: Machen Sie bloß nicht den Fehler und erinnern Sie fortlaufend ans Nichtrauchen. Das wäre genauso, wie wenn ich Sie dazu auffordern würde, jetzt **nicht** an eine Tafel Schokolade zu denken. Wir sind so gepolt, dass wir dann genau dann verstärkt daran denken. Viel wichtiger ist es in diesem Kontext, dass Sie prüfen, welche Cues (Impulse) sie abstellen können, die eine:n Raucher:in dazu bringen, ans Rauchen zu denken bzw. zu rauchen. Erarbeiten Sie Strategien, wie Sie diese Impulse reduzieren, abstellen oder umpolen können.

Prompting: Gibt es einen bestimmten Ort zum Rauchen, können Sie direkt dort oder auf dem Weg dorthin, Prompts platzieren, die auf die negativen Folgen des Rauchens eingehen. So können Sie es schaffen, diese Handlung negativ zu besetzen. Damit wird dieses Verhalten für die Zukunft unwahrscheinlicher.

Zur Handlung führen/Planungsunterstützung/Ziele in Zwischenziele unterteilen: Insbesondere beim Rauchen ist es elementar, dass Sie einen klaren Plan ausarbeiten, um schrittweise den Konsum und die Sucht zu reduzieren. Nur wenige schaffen es von 100 auf 0. Schreiben Sie Meilensteine auf und wie sich der:die Betroffene beim Erreichen dieser Meilensteine selbst belohnt.

(Kurzfristige) Vorteile: Heben Sie fortlaufend die (kurzfristigen) Vorteile des Nichtrauchens hervor. Weniger Geruch, mehr Zeit, mehr Aktivität …

5.5   Beispiel 5: Nudging in der digitalen Betrieblichen Gesundheitsförderung

Es gibt immer mehr digitale Angebote in der betrieblichen Gesundheitsförderung. Dieses Medium ist eine perfekte Spielwiese, um Nudges erfolgreich einzusetzen. Ein paar themenübergreifende Beispiele stelle ich daher in diesem Kontext anhand des AEIOU-Modells vor. Bei den Beispielen orientiere ich mich an digitalen Angeboten, die als App- oder Web-Applikation primär auf dem Smartphone ausgespielt werden. Viele Vorschläge sind dabei übertragbar auf Web-Applikationen am Computer.

Ansprache

Visuelle Elemente: Bei Darstellungen auf dem Smartphone müssen Sie beachten, dass sie noch einmal weniger Platz zur Information haben. Daher gilt immer: Bild vor Text.

Personalisierung: Insbesondere bei digitalen Angeboten haben Sie die Möglichkeit, automatisch eine persönliche Ansprache auszuspielen. In der Regel bietet sich die Ansprache mit Vornamen und „Du" an. Natürlich sollten Sie hier aber betriebsübliche Umgangsformen wählen. Im Optimalfall kann der:die Nutzer:in wählen.

Emotionsbasierte Kommunikation: Arbeiten Sie sehr stark mit emotionsgeladenen Bildern, die ein regelrechtes Verlangen nach dieser Aktivität ausüben.

Attraktivität/Attraktive Namensgebung: Überlegen Sie sich einen attraktiven Namen für die digitale Plattform bzw. die entsprechende App. Kleiner Tipp: „Digitale BGF-Plattform von Firma XY" zählt nicht zu den kreativen Namen … Anders wäre es beispielsweise mit „Schweinehund-Bezwinger:in".

Einfachheit

Einfache Sprache: Weil auf dem Smartphone wenig Platz zur Verfügung steht, müssen Sie eine so klare und knappe Sprache wie möglich wählen. Ganz wichtig!

Einfach und bequem: Gestalten Sie die Benutzung der Applikation so einfach und mit so wenigen Klicks wie möglich. Hinterfragen Sie sich jederzeit: Kann ich die Auswahl für den:die Nutzer:in nochmal einfacher und schneller machen?

Zeitlich passend: *Erinnerungen* und *Prompts* sollten so perfekt wie möglich an den üblichen Tagesablauf ausgespielt werden.

Positionierung: Geben Sie Ihren Nutzer:innen den Hinweis, dass sie die App so prominent wie möglich auf dem Startbildschirm platzieren. Es erhöht einfach ganz klar die Nutzung!

Standardoption: Wenn Sie Ihre Mitarbeiter:innen unbedingt zum Download der App bewegen möchten, überlegen Sie sich eine besondere Funktion, die nur mit der App ausgeführt werden kann und für alle wichtig ist. Diese muss gar nicht unbedingt mit betrieblicher Gesundheitsförderung zu tun haben, sondern kann zum Beispiel ein Tool sein, um gemeinsame Treffen mit Kolleg:innen zu organisieren. Schaffen Sie einen „unverzichtbaren" Zusatznutzen.

Incentivierung

Belohnungen/Sanktionen: Im digitalen Kosmos können Sie hervorragend durch symbolische Medaillen gesundes Verhalten belohnen. Tun Sie es auch!

Spielerische Elemente und Wettkämpfe: Eine Paradedisziplin für digitale Gesundheits-Apps. Arbeiten Sie mit Punkten und Wettbewerben. Hier können Sie je nach Gewichtung bestimmte Angebote ganz besonders attraktiv machen.

Lob: Es ist elementar, dass wir unmittelbar auf ein gewünschtes gesundes Verhalten in einer App mit Lob reagieren. Dies kann einfach nur ein Feuerwerk auf dem Display sein, nachdem man einen Kurs wahrgenommen hat. Je mehr Sinne Sie aktivieren, desto stärker wirkt das Signal. Kombinieren Sie es also beispielsweise mit einer Vibration oder einem besonderen Ton.

Orientierung

Soziale Normen/Sozialer Vergleich: Zeigen Sie in der App direkt Vergleiche mit dem Verhalten oder Erfolgen anderer (Abteilungen).

Soziale Unterstützung und Vorbilder: Küren Sie jede Woche den:die Sportler:in der Woche für herausragende Leistungen. Achten Sie darauf, dass Sie nicht immer die Top-Performer herauspicken. Gerade Kolleg:innen, die mehr oder weniger bei Null begonnen haben, sollten Sie hier loben für selbst kleinste Schritte.

Verbindlichkeit: Geben Sie Ihren Mitarbeiter:innen die Möglichkeit, digital ein Gesundheitsziel zu setzen und dieses öffentlich mit anderen Nutzer:innen zu teilen.

Unmittelbarkeit

Erinnerungen: Schaffen Sie die Funktion, dass Nutzer:innen per Push-Nachricht an bestimmte Kurse oder Angebote erinnert werden.

Prompting: Spielen Sie ebenfalls per Push-Nachricht unerwartete Informationen oder Aufforderungen zu kleinen Bewegungsübungen aus.

Zur Handlung führen/Planungsunterstützung/Ziele in Zwischenziele unterteilen: Sorgen Sie dafür, dass die App direkt mit dem Kalender verknüpft werden kann und dort Sporttermine eingetragen werden.

(Kurzfristige) Vorteile: Machen Sie klare kurze Ansagen, was die direkten Vorteile der Teilnahme an dem digitalen Kurs sind. Im besten Fall variiert diese von Woche zu Woche.

5.6 Nudging auch im Home-Office?

Durch die neuen Abläufe und Orte des Arbeitsplatzes stellt sich natürlich die Frage, wie und ob Sie das AEIOU-Modell auch im Home-Office einsetzen können. Natürlich können Sie das tun! Setzen Sie Ihr Ziel, welches Sie erreichen möchten. Sie können die entwickelten Maßnahmen ganz gezielt an Ihre Zielgruppe ausspielen. Genauso können Sie die Idee des Self-Nudgings aufgreifen und die Techniken bei sich selbst anwenden (Reijula und Hertwig 2022).

Auch wenn wir wissen, was die zugrundeliegende Technik ist, wirkt sie trotzdem! Erläutern Sie also Ihren Mitarbeiter:innen, wie sich selber nudgen können. Dann können diese ganz selbstständig und selbstbestimmt ihre gewünschten Verhaltensweisen anstupsen.

Dazu zählt zum Beispiel, dass Sie ihre Laufschuhe gut sichtbar neben der Tür platzieren und Sie damit jedes Mal an Ihren Vorsatz erinnert werden, Sport zu machen, wenn Sie die Wohnung oder das Haus verlassen. Auch können Sie Süßigkeiten möglichst aufwändig positionieren, zum Beispiel in einem Schrank, für den Sie eine kleine Leiter benötigen, um weniger davon zu naschen. Erinnerungen mit Zetteln für kurze Achtsamkeitsübungen zählen ebenfalls dazu. Probieren Sie es einfach aus und seien Sie kreativ. Sie werden sehen, dass Sie Ihren Schweinehund tatsächlich selbst überlisten können!

Mit dem AEIOU-Modell im Betrieb arbeiten – Anleitung für die Praxis

6

In den vorangegangenen Kapiteln haben Sie die Grundlagen über Nudging und das AEIOU-Modell kennengelernt. Genauso sollten Sie ein paar konkretere Vorstellungen haben, wie Nudges in Ihrem Betrieb zur Förderung der Gesundheit aussehen könnten.

Nun möchte ich Ihnen darstellen, wie Sie methodisch in Ihrem Betrieb am besten vorgehen. Viele von Ihnen werden wahrscheinlich den sogenannten PDCA-Zyklus kennen (Puthiran 2016). PDCA steht für „Plan", „Do", „Check", „Act", also „Plane", „Setz es um", „Prüfe" und „Reagiere darauf" [frei übersetzt aus dem Englischen]. Dieser Zyklus beschreibt die strukturierte Vorgehensweise zur kontinuierlichen Verbesserung. Ich halte es grundsätzlich für sinnvoll, sich an diesem Modell zu orientieren. Für die Umsetzung in der Praxis möchte ich jedoch den gesamten Prozess zur optimalen Umsetzung in der betrieblichen Gesundheitsförderung noch weiter detaillieren. Gleichzeitig zeige ich Ihnen auf, an welcher Stelle die Arbeit mit dem AEIOU-Modell eingeordnet wird. Folgende sechs Schritte empfehle ich Ihnen für eine optimale Umsetzung. Wir werden alle sechs Schritte in der Folge noch einmal genauer beleuchten (Abb. 6.1):

1. Problem- oder Gap-Analyse
2. Zieldefinition
3. Zielgruppenanalyse
4. Entwicklung der Nudges
5. Umsetzung
6. Evaluation und Anpassung

M. Krisam, *Nudging für ein gesundes Unternehmen,* essentials, https://doi.org/10.1007/978-3-658-38103-5_6

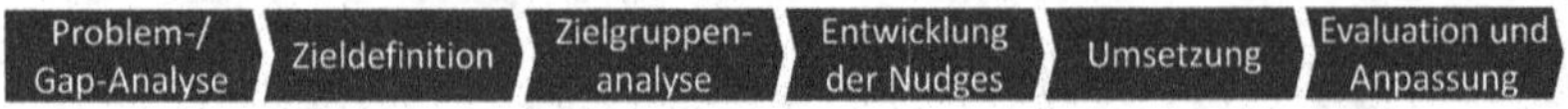

| Problem-/ Gap-Analyse | Zieldefinition | Zielgruppen-analyse | Entwicklung der Nudges | Umsetzung | Evaluation und Anpassung |

Abb. 6.1 6 Schritte zur Umsetzung von Nudges. (Eigene Darstellung)

6.1 Problem- oder Gap-Analyse

Bevor Sie anfangen, Nudges zu entwickeln, ist der erste und zentrale Schritt, überhaupt zu erkennen, was Ihre Herausforderung ist. In manchen Fällen kann es sein, dass Sie bereits bestehende Gesundheitsangebote haben, diese jedoch kaum von der Belegschaft wahrgenommen werden. Oder Sie haben Angebote, die Mitarbeiter:innen nehmen auch mitunter teil, jedoch bleibt der gesundheitliche Erfolg aus oder die Teilnehmer:innen sind trotzdem unzufrieden. Manche von Ihnen starten aber vielleicht komplett auf der grünen Wiese und entwickeln ein neues Angebot.

Für diesen Schritt können Sie unterschiedliche Formate wählen: Workshops, Interviews mit Mitarbeiter:innen und Führungskräften, Befragungen, Analyse bestehender Daten, Vergleiche mit anderen Betrieben etc. Halten Sie also genau fest, was Ihre aktuelle Herausforderung ist oder was Ihnen zum aktuellen Zeitpunkt am meisten fehlt. Geben Sie sich Mühe, diese Herausforderungen zu priorisieren: Was ist die größte Herausforderung? Wo drückt am ehesten der Schuh? Was fehlt Ihnen am meisten, um Gesundheit in Ihrem Betrieb so zu fördern, wie Sie es wünschen?

6.2 Zieldefinition

In der Regel schließt sich dieser Schritt direkt an die Problem- oder Gap-Analyse an. In manchen Fällen mag er vielleicht sogar vorgeschaltet sein. In jedem Fall müssen (ja *müssen*!) Sie ein ganz klares Ziel formulieren, wo Sie hin möchten. Was ist Ihr Wunschzustand? Was genau möchten Sie erreichen? Hier ist es wieder elementar, dass Sie priorisieren. Wer zu viele Ziele hat, erreicht im Zweifel keines von diesen. Konzentrieren Sie sich zu Beginn auf ein bis maximal zwei Ziele. Natürlich können Sie ebenfalls ein übergeordnetes Ziel definieren und darunter mehrere Unterziele formulieren.

So könnte das übergeordnete Ziel lauten: Wir möchten die Bewegung all unserer Mitarbeiter:innen fördern und signifikant steigern.

Unterziele sind dann beispielsweise:

- Bei einer digitalen Bewegungs-Challenge erreichen wir, dass 80 % unserer Mitarbeiter:innen teilnehmen.
- 40 % unserer Mitarbeiter:innen nehmen zudem an kontinuierlichen Bewegungsprogrammen teil.

Wichtig ist hier, dass die Unterziele auf das eine übergeordnete Ziel einzahlen. Außerdem ist es ganz wichtig, dass Sie Ihre Ziele so gut wie möglich quantifizieren. Ich erlebe es immer wieder, dass a) keine Ziele formuliert werden und b) gar nicht evaluiert wird, was man überhaupt erreicht hat oder nicht. Mit einem klar quantifizierten Ziel können Sie am Ende wirklich sagen, ob Sie ihr Ziel erreicht haben oder nicht. Wenn ja, hervorragend! Feiern Sie dies und setzen Sie gleich nochmal ambitioniertere Ziele. Wenn nicht, kein Problem: Schauen Sie sich aber genau an, woran es gelegen haben könnte und was Sie beim nächsten Mal ändern können.

Seien Sie mutig und setzen Sie sich ambitionierte Ziele! Ich habe leider schon zu viele Menschen kennengelernt, die zwar in der betrieblichen Gesundheitsförderung arbeiten, aber insgeheim denken, dass es nichts bringt. Diese Vertreter:innen setzen sich natürlich keine Ziele, weil sie schon implizit davon ausgehen, dass sie sie ohnehin nicht erreichen werden. Allein schon, weil Sie dieses Buch lesen, gehören Sie definitiv *nicht* dazu!

Wichtig ist hier – wie bei allen anderen Schritten – dass Sie das Ohr nah an Ihren Mitarbeiter:innen haben. Schalten Sie diese partizipativ in Ihren Prozess ein. Sonst laufen Sie Gefahr, Ziele und Maßnahmen zu definieren, die an Ihrer Zielgruppe vorbeigehen.

6.3 Zielgruppenanalyse

Für erfolgreiche Nudges ist dieser Schritt meiner Meinung nach immer noch der wichtigste: Sie können noch so kreative und tolle Nudges erfinden und umsetzen. Wenn diese nicht die „Stupser" sind, die zu Ihrer Zielgruppe passen, werden Sie scheitern.

Daher müssen Sie von Grund auf folgende Fragen verstehen:

- Wer ist Ihre Zielgruppe?
- Was begeistert Ihre Zielgruppe? Oder wie begeistern Sie Ihre Zielgruppe?
- Was hindert Ihre Zielgruppe bisher daran, das gewünschte Verhalten auszuführen?

Erst wenn Sie diese Fragen beantwortet haben, können Sie genau wissen, wo Sie mit Nudging ansetzen können. Sie wissen dann, wo und wann Sie Nudges ausspielen können. Sie wissen, bei welchen Angeboten Sie dies tun sollen. Sie wissen, welche Personen oder Personengruppen Ihre Zielgruppe am stärksten beeinflusst.

Ein sehr guter Ansatz stellt die Entwicklung sogenannter *Personas* dar. Eine Persona beschreibt einen Prototyp für eine bestimmte Gruppe mit ähnlichen Eigenschaften. Dabei reicht es nicht, zwischen Mann und Frau und vielleicht noch Abteilung zu unterscheiden. Nein, eine Persona hilft Ihnen, Ihre Zielgruppe emotional zu verstehen. So empfehle ich für eine Persona folgende Aspekte zu berücksichtigen, aufzuschreiben und zu veranschaulichen:

1. **Angaben zur Person:** u. a. Alter, Geschlecht, Bildung, Familienstand
2. **Persönliche Lebenswelt:** u. a. Wohnsituation, Typischer Tagesablauf (auch außerhalb der Arbeit), Dauer und Art der Anreise zur Arbeit
3. **Stellung im Unternehmen:** u. a. Hierarchie, Gehalt, Abteilung, Standort, Karriereziele, fachliche Kompetenz, Identifizierung mit Unternehmen
4. **Psychologische Grundbedürfnisse:** z. B. Streben nach Abwechslung/Vielseitigkeit, Sicherheit oder Anerkennung/Bewunderung
5. **Gesundheitlicher Kontext:** u. a. Genereller Gesundheitszustand, Einstellung zu und Bedeutung von Gesundheit, Aktuelles Gesundheitsverhalten, Gesundheitsziele
6. **Bedürfnisse in Bezug auf BGF-Angebote:** Wie viel Zeit darf/soll das Angebot in Anspruch nehmen; Bereitschaft, etwas zu zahlen oder nicht?

Versuchen Sie in diesem Prozess Ihre Persona so genau wie möglich zu beschreiben und diese auch mit einem Bild zu visualisieren. So können Sie sich bei der Entwicklung von Nudges ehrlich fragen: Erreiche ich damit genau diese Person oder nicht? Als Daumenregel empfehle ich für den Start, etwa drei Personas zu entwickeln. Besondere Merkmale könnten zum Beispiel sein, dass viele Mitarbeiter:innen mit dem Fahrrad zur Arbeit kommen (möchten), sie Sport und Ernährung mit Wohlfühlen und primär mit sozialem Austausch verbinden möchten, sehr aktiv im Intranet unterwegs sind und maximal zweimal pro Woche an Kursen teilnehmen möchten, die jeweils nicht länger als 30 Minuten dauern.

Wenn Sie diese beispielhaften Informationen klar herausgearbeitet haben, fällt es Ihnen wesentlich leichter, das passende Angebot, die passenden Nudges und die passende Kommunikationsform zu finden.

Personas entwickeln Sie am besten durch Interviews, Beobachtung Ihrer Zielgruppe(n), Analysen bestehender Daten oder in einem gemeinsamen Workshop.

Die genaue Beschreibung des Vorgehens würde leider den Rahmen dieses Buchs (in dem es ja primär um Nudging geht), sprengen. Ich hoffe aber, dass ich Ihnen eine Idee mitgeben konnte, wie Sie eine genaue Zielgruppenanalyse durchführen.

6.4 Entwicklung der Nudges

Tatsächlich kommt es im Optimalfall erst im vierten Schritt zur Entwicklung der eigentlichen Nudges. Sie wissen, wo der Schuh drückt, was und wen Sie erreichen wollen. Jetzt geht es um die Frage, WIE Sie Ihre Zielgruppe erreichen. Und genau dafür sind Nudges da!

Mit dem AEIOU-Modell haben Sie ab jetzt ein klares und übersichtliches Raster, wie Sie passende Maßnahmen zum Erreichen Ihrer Ziele finden können. Das optimale Format stellt hierfür ein Workshop dar. Laden Sie im besten Fall alle relevanten Stakeholder und vor allem Ihre Zielgruppe ein, um anhand des Modells passende Nudges zu entwickeln.

Ein optimaler Ablauf sieht beispielsweise so aus:

1. Sie führen ein in die analysierte Problemlage
2. Sie machen klar, was Ihr Ziel ist
3. Sie stellen dar, wer Ihre Zielgruppe ist
4. Sie erläutern dann was Nudging bedeutet und stellen das AEIOU-Modell vor
5. Dann starten Sie in die gemeinsame Ideenentwicklung mit dem AEIOU-Modell
6. Nach einer ersten Ideenphase ordnen Sie die Ideen auf einer Aufwand-Erfolg-Matrix (siehe unten)
7. Sie legen sich auf ganz bestimmte Nudges fest
8. Optional: Sie nutzen den Workshop, um exakte Ziele zu definieren

Dieses Programm können Sie gut an einem Tag schaffen. Wichtig ist es, dass Sie mit klar formulierten Handlungen als Ergebnis aus dem Workshop herausgehen und alle Beteiligten wissen, was nun zu tun ist.

Die Aufwand-Erfolg-Matrix dient dazu, Ideen besser priorisieren zu können (siehe Abb. 5.2). Auf der horizontalen x-Achse nimmt der Aufwand nach rechts immer weiter zu. Auf der vertikalen y-Achse nimmt die (geschätzte) Aussicht auf Erfolg immer weiter zu. Dies bedeutet, dass Sie Ideen, die sich im oberen linken Quadranten befinden, priorisieren sollten. Maßnahmen im unteren rechten Quadranten (hoher Aufwand, geringe Aussicht auf Erfolg) sollten Sie hingegen vermeiden (Abb. 6.2).

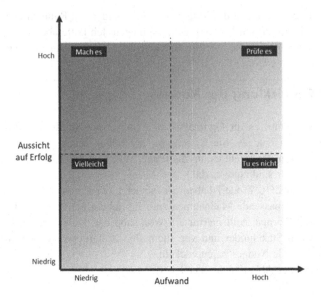

Abb. 6.2 Aufwand-Erfolg-Matrix. (Eigene Darstellung)

Fragen Sie sich:

- Welche Maßnahmen möchten Sie kombinieren?
- Welche Maßnahmen würden sich möglicherweise im Weg stehen?

Treffen Sie dann eine Entscheidung, auf welche Maßnahmen Sie sich konzentrieren möchten. Machen Sie vorher nochmal einen kritischen Abgleich, ob diese Maßnahmen wirklich auf Ihre zuvor definierten Ziele einzahlen. Wenn Sie dies tun, legen Sie fest, wie Sie diese Ziele während und nach der späteren Umsetzung messen möchten.

6.5   Umsetzung

Jetzt kann es endlich richtig losgehen. Sie wissen genau, was und wie Sie es machen möchten. Treffen Sie die Entscheidung, ob Sie die geplanten Maßnahmen in-House umsetzen oder eine externe Agentur mit ins Boot holen. Für den Erfolg der Maßnahmen ist es in jedem Fall elementar, dass die Menschen sich selbst daran beteiligen. Das fördert die Identifizierung ungemein.

Für etwas aufwendigere Vorhaben kann es sich lohnen, eine Agentur zu Rate zu ziehen, die Ihre Maßnahmen und die dazugehörige Kommunikation nochmal ganz besonders verpackt. Denken Sie dabei immer an das A des AEIOU-Modells: Achten Sie auf eine attraktive Ansprache. Die Werbung macht es vor.

Bei der Umsetzung wünsche ich Ihnen vor allem viel Spaß! Ihre Zielgruppe wird es merken!

6.6   Evaluation und Anpassung

Ihnen ist sicherlich schon aufgefallen, dass ich nicht müde werde zu betonen, wie wichtig eine saubere Evaluation ist. Im Grunde genommen haben Sie die Weichen für die Evaluation bereits im Vorfeld gestellt. Haben Sie also nun Ihre Ziele und Erfolgsparameter im Blick.

Gehen Sie mit zwei offenen Augen und Ohren durch den Betrieb, um genau mitzubekommen, wie Ihre Maßnahmen bei Ihrer Zielgruppe ankommen.

Es ist immer schwer zu sagen, wie lange die Evaluationsphase laufen sollte. Dies kommt tatsächlich auf die Maßnahmen und die Art der Auswertung an. Wenn Sie sich trauen, komplett neue Wege zu gehen, ist es wichtig, dass Sie der Entwicklung Zeit geben.

Wichtig ist aber ebenso, dass Sie selbstkritisch bleiben. Haben Sie ein wirkliches Interesse daran, herauszufinden, was funktioniert und was nicht! Nur so können Sie dazulernen und es beim nächsten Mal noch besser machen.

Sehen Sie daher den Punkt der Evaluation nicht als ein Zeugnis Ihrer Arbeit an, sondern vielmehr als ein Gradmesser, um Ihre Arbeit kontinuierlich zu verbessern. Und hören Sie natürlich auch jetzt wieder Ihrer Zielgruppe gut zu!

Was alles nicht optimal laufen kann und wie Sie darauf reagieren
Nachlassen des Effekts
Sie werden möglicherweise feststellen, dass manche Maßnahmen am Anfang gut funktionieren, dann der Effekt aber etwas nachlässt. Dies sieht man häufig bei Maßnahmen, die mit (finanziellen) Anreizen arbeiten. Generell ist dies nicht überraschend. Freuen Sie sich vielmehr darüber, dass Sie den schwierigen Start schon einmal gemeistert haben und stellen Sie in einem solchen Fall nicht gleich alles infrage. Suchen Sie vielmehr nach Möglichkeiten, die Nudges immer wieder leicht abzuwandeln und damit neue erfolgreiche Impulse zu setzen. Als analoges

Beispiel möchte ich nur darauf hinweisen, dass CocaCola ebenfalls fortlaufend unterschiedliche Werbung herausbringt. Mit einem Mal ist es selten getan.

Reaktanz der Mitarbeiter:innen

Ihre Mitarbeiter:innen können mit Reaktanz auf die Maßnahmen reagieren. Vielleicht fühlen sie sich bevormundet. Dies muss gar nicht explizit etwas mit Nudging zu tun haben, sondern kann bei allen Maßnahmen zur betrieblichen Gesundheitsförderung auftreten. Schauen Sie in einem solchen Fall, ob Sie das Angebot weniger offensiv einsetzen können. Und an dieser Stelle lohnt es sich tatsächlich, gar nicht von Nudging-Maßnahmen zu sprechen, sondern einfach die Maßnahme zu beschreiben. Ihre Mitarbeiter:innen würden es googlen und wahrscheinlich sehr schnell auf Seiten landen, die Nudging und Manipulation im gleichen Atemzug nennen. Achten Sie bei einer Neuausrichtung des Angebots zudem darauf, gerade die Menschen zur Mitgestaltung einzuladen, die besonders kritisch waren. Es kann sein, dass sie das Angebot nicht annehmen werden. Dann erübrigt sich aber eben auch die mögliche anschließende Kritik.

Ethische Diskussionen ums Nudging 7

Seitdem Nudging als Lösungsansatz vorgestellt und eingesetzt wird, wurde und wird es fortlaufend von verschiedenen Seiten umstritten diskutiert. Ich möchte daher an dieser Stelle die fünf wichtigsten Kritikpunkte aufgreifen (Krisam et al. 2017), erläutern und mit dem jeweiligen Inhalt und Hintergrund auseinandersetzen:

7.1 Kritikpunkt 1: Unscharfe Definition

Grundsätzlich äußern sich einige Autor:innen kritisch darüber, dass die Definition eines Nudges nicht besonders präzise sei (Hausman und Welch 2010). Und diesem Punkt muss ich tatsächlich Recht geben. Bereits in der Einleitung habe ich Ihnen gezeigt, dass Sunstein/Thaler eine andere Definition verwenden als Hansen (Thaler und Sunstein 2008; Hansen 2016). Dies stelle ich zudem häufig in der Praxis fest. Hier gehen die Meinungen regelmäßig auseinander, ob die spezifische Maßnahme per Definition ein Nudge ist oder nicht. Wann ist ein ökonomischer Anreiz entscheidungsrelevant? Wann nur symbolisch? Manche Autor:innen unterscheiden nach Kahneman noch zwischen System-1- und System-2-Nudges, also Nudges, die eher automatische Muster bedienen (System 1) oder eher auf einer informativen Ebene anstupsen (System 2) (Sunstein 2016). Bei den sogenannten System-2-Nudges würde selbst ich die meisten nicht zwangsläufig als Nudge bezeichnen, kann aber die Argumente von Menschen verstehen, die dies anders sehen.

Kurzum: Ja, die Definition lässt eine gewisse Grauzone zu, was als Nudge klassifiziert werden kann und was nicht. Zentral war und ist für mich aber nie die theoretische Auseinandersetzung über diese Frage, sondern dass mehr Menschen das Grundkonzept verstehen und für gesundheitsförderliche Zwecke einsetzen.

M. Krisam, *Nudging für ein gesundes Unternehmen,* essentials, https://doi.org/10.1007/978-3-658-38103-5_7

Ich persönlich kann dann sehr gut damit leben, wenn ein erfolgreicher Nudge gar nicht als solcher bezeichnet wird. Viel wichtiger für Sie ist, dass Sie das Grundprinzip verstanden haben und dieses erfolgreich in der Praxis anwenden, und dass der Einsatz eines Nudges das zuvor gesetzte Ziel erreicht.

7.2　Kritikpunkt 2: Verschwimmen von Ziel und Methodik

Meiner Meinung nach fußt ein Großteil der Kritik auf einer fehlenden Unterscheidung zwischen Ziel und Methodik (Gigerenzer 2015). Ich persönlich sehe Nudging als reine Methodik an, um menschliches Verhalten zu einem gewissen Grad zu steuern. Diese Methodik ist erst einmal völlig wertneutral. So kann ich beispielsweise Nudges einsetzen, um Menschen zum Rauchen zu bringen (wie häufig in der Tabakwerbung verwendet) oder aber, um sie – im Gegenteil – davon abzuhalten (das ist Ihre und meine Aufgabe!). Ich habe Verständnis dafür, wenn wir über das Ziel diskutieren. Jedoch muss die Methodik des Nudgings als wertneutraler Ansatz davon differenziert werden.

7.3　Kritikpunkt 3: Nudging ist gar kein neues Konzept

Ist Nudging eigentlich nur „Alter Wein in neuen Schläuchen" (Vgl. Bonell et al. 2011)? Sicherlich wurden schon in der Vergangenheit viele Maßnahmen zur Gesundheitsförderung eingesetzt, die per Definition Nudges waren, ohne sie so zu nennen. Tatsächlich hatten Thaler und Sunstein erst dann einen so populären Erfolg, nachdem Sie ihre bisherige Begrifflichkeit „libertärer Paternalismus" in „Nudge" umtauften. Aus wissenschaftlicher Sicht mag dieser Einwand sogar gerechtfertigt sein. Jedoch sehe ich den durchschlagenden Erfolg von Nudging darin, dass es das Konzept unter dieser Bezeichnung geschafft hat, über rein wissenschaftliche Kreise hinaus bekannt zu werden. Durch diese Art der Kommunikation konnten und können sich verhaltenswissenschaftlich basierte Konzepte überhaupt erst in der breiten Praxis durchsetzen.

7.4　Kritikpunkt 4: Die paternalistische Tendenz/Manipulation

Der Begriff, der im Kontext der Nudging-Kritik (leider) am häufigsten in Verbindung steht, ist der der Manipulation bzw. der Freiheitseinschränkung von Bürgerinnen und Bürgern (Deutschlandfunk Nova 2020; Max-Planck-Gesellschaft

2020). Ich denke, dass dieser Aspekt deshalb mitschwingt, da zu Beginn primär
der Staat als der Urheber des Nudgings angesehen wurde. Thaler und Sunstein
entwickelten ja zu Beginn vor allem Maßnahmen, die die öffentliche Hand in
seiner Gestaltung unterstützen sollten. Dieses Buch, aber auch viele andere Beispiele zeigen jedoch klar, dass jeder und jede Organisation „nudgen" kann: Ein
Betrieb, eine Krankenkasse, ein Sportverein. Sie können sich sogar selber nudgen
(Reijula und Hertwig 2022)!

Meiner Meinung nach ist ein Nudge nur dann manipulativ, wenn ich jemanden
dazu bringe, etwas zu tun, was er nach reiflicher Überlegung nicht tun würde.
Solange ich jemanden mit Nudges einem Ziel näherbringe, welches er oder sie
ohnehin verfolgt, ist es meiner Meinung nach nicht manipulativ.

Außerdem müssen wir einfach berücksichtigen, dass wir zwangsläufig einer
spezifischen Entscheidungsarchitektur gegenüberstehen. Zum Beispiel wie und
wo das Treppenhaus im Gebäude angeordnet oder die Speisen in der Kantine
präsentiert werden. Warum sollten wir also nicht unser verhaltenswissenschaft-
liches Wissen nutzen, um diese Umgebung genau so zu wählen, dass sie
gesundheitsförderlicher wird?

7.5   Kritikpunkt 5: Fehlende Effektivität

Vor einigen Jahren äußerten noch einige Wissenschaftler Bedenken, ob Nudging
überhaupt die nötige Evidenz über dessen Effektivität aufweist (Bonell et al.
2011; Gigerenzer 2015). Diese Frage wurde mir bei vor einigen Jahren bei meinen Vorträgen häufig gestellt: „Haben Sie denn überhaupt Evidenz, dass das etwas
bringt?"

Wie schön, dass sich inzwischen viele Wissenschaftler:innen rund um die
Welt genau dieser Frage angenommen haben und zeigen können: Ja, es gibt
genügend Beispiele, in denen Nudges einen positiven Effekt zeigten. Tatsächlich bestätigte eine groß angelegte Meta-Studie, dass insbesondere Maßnahmen
zur Förderung einer besseren Ernährung erfolgreich waren (Mertens et al. 2022).
Auch ich konnte schon in zwei Studien nachweisen, wie sich durch Nudging das
Treppensteigen erhöhen lässt (Krisam et al. 2021b; Krisam et al. 2020a).

Natürlich gibt es aber Nudging-Interventionen, die nicht den gewünschten
Effekt gezeigt haben. Kein Ansatz und keine Maßnahme führt in 100 % der
Fälle zum gewünschten Erfolg. Nudging ist und bleibt also keine Wunderwaffe,
die immer funktioniert.

Weiterhin möchte ich an dieser Stelle erneut betonen, dass wir neben Nudges
auch stets über andere Maßnahmen nachdenken müssen, also zum Beispiel über

Aufklärung und Information, sowie über Verbote oder finanzielle Anreize oder Sanktionen für bestimmte Verhaltensweisen.

7.6   Fazit

Zum Abschluss möchte ich ergänzend auf eine eigene Studie verweisen, die wir genau mit dem Ziel durchgeführt haben, den Kritiker:innen mit entsprechender Evidenz zu begegnen. Wir befragten 1.000 Deutsche, was sie von Nudges zur Gesundheitsförderung halten (Krisam et al. 2021a). Hier die zusammengefassten Ergebnisse:

- 78 % der Befragten hatten zum damaligen Zeitpunkt (August/September 2019) noch nie von Nudging gehört, nur 4 % konnten es in eigenen Worten erklären
- 90 % der Befragten bewerteten das Konzept – nachdem wir es erklärt hatten – als positiv oder neutral
- Die Zustimmung stieg sogar nochmal, als die Befragten konkrete Nudges zur Gesundheitsförderung bewerteten

Wir können also trotz aller - teilweise berechtigter – Kritik festhalten, dass die breite Mehrheit Nudges zur Gesundheitsförderung durchaus begrüßt.

Mein Tipp an Sie, wenn Sie Nudges einsetzen und einem kritischen Publikum ausgesetzt sein sollten: Nennen Sie Ihre Maßnahmen nicht Nudges, sondern beschreiben Sie einfach, was Sie gemacht haben. In den allermeisten Fällen wird dann gar keine Kritik aufkommen.

Was Sie aus diesem *essential* mitnehmen können

Ich hoffe sehr, dass Sie sich nun sicherer im Umgang mit Nudging fühlen und die wissenschaftlichen Grundlagen verstanden haben. Viel wichtiger allerdings ist, dass Sie das neue Wissen auch in die Praxis umsetzen. Sie haben Folgendes gelernt:

- Nudging ist ein Konzept der Verhaltensökonomie, welches die Wahlfreiheit offenlässt, jedoch die Entscheidungsarchitektur so anpasst, dass ein gewisses gewünschtes (gesundes) Verhalten wahrscheinlicher wird.
- Das Konzept des Nudgings beruht auf den Arbeiten von Daniel Kahneman, der unsere Entscheidungen zwei Denksystem zuordnet. System 1 steht für automatische Entscheidungen, System 2 für rationale Entscheidungen. Nudges versuchen dabei primär, System-1-Entscheidungen zu beeinflussen.
- Sie haben gelernt, dass MINDSPACE und EAST Modelle der Verhaltenswissenschaften sind und welche Elemente sie beinhalten.
- Sie haben darauf aufbauend das AEIOU-Modell kennengelernt, mit dem Sie selbstständig gesundheitsförderliche Nudges entwickeln können.
- Sie haben zudem gelernt, wie Sie ein gesamtes Nudging-Projekt in Ihre BGM-/BGF-Arbeit einsetzen können.
- Sie kennen außerdem die wichtigsten kritischen Punkte am Nudging und haben entsprechende Argumente parat, um in der nächsten Diskussion darauf zu reagieren.

Vielleicht hat Ihnen das Buch dies schon verdeutlicht: Ich finde, wir brauchen ein elementar anderes Mindset in der betrieblichen Gesundheitsförderung und der Gesundheitskommunikation im Allgemeinen. Flyer, Vorträge und reine Informationen reichen einfach nicht aus, um menschliches Verhalten wirklich

M. Krisam, *Nudging für ein gesundes Unternehmen,* essentials, https://doi.org/10.1007/978-3-658-38103-5

zu beeinflussen, ob im betrieblichen Setting oder außerhalb. Dafür ist es wichtig, dass Sie als die Gesundheitsgestalter:innen verstehen, dass wir Menschen uns eben nicht immer rein rational verhalten, sondern vieles aus Routinen und automatischen Mustern heraus geschieht.

Werden Sie nun Verkäufer:in Ihres Gesundheitsangebots! Die Mechanismen, warum sich Menschen für ein Produkt aufgrund der Werbung oder einen Sportkurs aufgrund der Ankündigung entscheiden, sind sehr ähnlich gelagert.

Ich bin wirklich sehr gespannt, welche Impulse ich mit diesem Buch bei Ihnen triggern konnte. Senden Sie mir gerne Ihre kreativsten Ideen und Anmerkungen sowie Kritik jeglicher Art an meine E-Mail-Adresse. Ich freue mich, durch Ihre eigenen Erfahrungen dazulernen zu dürfen:

Mathias.krisam@laeuft.eu

Viel Spaß!

Literatur

Altgeld, Thomas. 2021. *Präventionsparadox und Präventionsdilemma: Konsequenzen für die Praxis. Public Health,* 215–231. Berlin: Springer.

Behavioural Insights Team. 2012. Applying behavioural insights to reduce fraud, error and debt. Hrsg. Cabinett Office. Cabinett Office. London.

Bernatzeder, Petra. 2017. *Erfolgsfaktor Wohlbefinden am Arbeitsplatz: Praxisleitfaden für das Management Psychischer Gesundheit.* Berlin: Springer.

Bonell, Chris, Martin McKee, Adam Fletcher, Paul Wilkinson, und Andy Haines. 2011. One nudge forward, two steps back. *British Medical Journal Publishing Group* 342.

Bundesgesundheitsministerium. 2020. Impfpflicht soll Kinder vor Masern schützen. https://www.bundesgesundheitsministerium.de/impfpflicht.html. Zugegriffen: 25. Febr. 2022.

Clear, James. 2018. *Atomic habits: An easy & proven way to build good habits & break bad ones.* London: Penguin.

Deutsche Allianz Nichtübertragbarer Krankheiten: Vier Maßnahmen für eine wirkungsvolle und bevölkerungsweite Prävention. https://www.dank-allianz.de/positionen.html. Zugegriffen: 29. Jan. 2022.

Deutschlandfunk Nova. 2020. Nudging – Wie wir uns manipulieren lassen. https://www.deutschlandfunknova.de/beitrag/nudging-die-kunst-der-manipulation. Zugegriffen: 25. Febr. 2022.

Dierks, Marie-Luise, Friedrich Wilhelm Schwartz, und Ulla Walter, Hrsgg. 2000. *Gesundheitskommunikation.* Berlin: Springer.

Dolan, Paul, Michael Hallsworth, David Halpern, Dominic King, und Ivo Vlaev. 2010. MINDSPACE. Influencing behaviour through public policy. Cabinet Office. https://www.bi.team/publications/mindspace/. Zugegriffen: 23. Jan. 2021.

Eichhorn, Diana, und Ida Ott. 2019. Nudging im Unternehmen. Den Weg für gesunde Entscheidungen bereiten. iga.Report38. Dresden: Initiative Gesundheit und Arbeit. https://www.iga-info.de/fileadmin/redakteur/Veroeffentlichungen/iga_Reporte/Dokumente/iga-Report_38_Nudging_im_Unternehmen.pdf. Zugegriffen: 12. Nov. 2019.

Fahr, Andreas, und Alexander Ort. 2019. *Die Bedeutung sozialer Vergleichsprozesse für die Gesundheitskommunikation. In: Handbuch der Gesundheitskommunikation,* 269–280. Berlin: Springer.

Franken, U. 2009. Ein emotionsfokussiertes Modell als fruchtbarer Bezugsrahmen für Theorie und Praxis der Gesundheitswissenschaften. *Praev Gesundheitsf* 4(1):23–34. https://doi.org/10.1007/s11553-008-0150-0.

Garcia-Retamero, Rocio, und Edward T. Cokely. 2013. Communicating health risks with visual aids. *Current Directions in Psychological Science* 22(5):392–399.

Gigerenzer, Gerd. 2015. On the supposed evidence for libertarian paternalism. *Review of Philosophy and Psychology* 6(3):361–383.

Giles, Emma L., Shannon Robalino, Elaine McColl, Falko F. Sniehotta, und Jean Adams. 2014. The effectiveness of financial incentives for health behaviour change: systematic review and meta-analysis. *PloS one* 9(3):e90347. https://doi.org/10.1371/journal.pone.0090347.

Halpern, Scott D., Peter A. Ubel, und David A. Asch. 2007. Harnessing the power of default options to improve health care. *Mass Medical Soc* 357(13).

Hansen, Pelle Guldborg. 2016. The definition of nudge and libertarian paternalism: Does the hand fit the glove? *European Journal of Risk Regulation* 7(1):155–174.

Hassel, Holger, Annekatrin Bütterich, und Michael Klein. 2017. Beeinflusst Health Literacy das Gesundheitsverhalten? *Praev Gesundheitsf* 12(2):85–90.

Hausman, Daniel M., und Brynn Welch. 2010. Debate: To nudge or not to nudge. *Journal of Political Philosophy* 18(1):123–136.

Horstmann, David, Daniel Tolks, Kevin Dadaczynski, und Peter Paulus. 2018. Förderung des Wohlbefindens durch „Gamification". *Praev Gesundheitsf* 13(4):305–311.

Huber, Gerhard. 2021. Betriebliche Gesundheitsförderung im Gesundheitsbereich. In *Prävention und Gesundheitsförderung*, 701–713. Berlin: Springer.

Johnson, Daniel, Sebastian Deterding, Kerri-Ann. Kuhn, Aleksandra Staneva, Stoyan Stoyanov, und Leanne Hides. 2016. Gamification for health and wellbeing: A systematic review of the literature. *Internet interventions* 6:89–106.

Kahneman, Daniel. 2012. *Thinking, Fast and Slow*. London: Penguin.

Kim, Jungkeun, Euejung Hwang, Jooyoung Park, Jacob C. Lee, und Jongwon Park. 2019. Position effects of menu item displays in consumer choices: Comparisons of horizontal versus vertical displays. *Cornell Hospitality Quarterly* 60(2):116–124.

Krisam, Mathias, Ruben Korenke, Mona Maier, und Jakob Korenke. 2020a. Nudges can both raise and lower physical activity levels: The effects of role models on stair and escalator use–A Pilot study. *Physical Activity and Health* 4:86–94.

Krisam, Mathias, Ruben Korenke, Mona Maier, und Jakob Korenke. 2020b. Nudges Can Both Raise and Lower Physical Activity Levels: The Effects of Role Models on Stair and Escalator Use–A Pilot Study. *Physical Activity and Health* 4:86–94.

Krisam, Mathias, und Eva Kuhn. 2021. Das AEIOU-Modell: Gesundheitsverhalten mit Erkenntnissen der Verhaltenswissenschaften effektiv in der Praxis steuern. *Das Gesundheitswesen.*

Krisam, Mathias, Mona Maier, Rebecca Janßen, und Johannes Krisam. 2021a. What do Germans really think about health-nudges? *BMC Public Health* 21(1):1–12.

Krisam, Mathias, Mona Maier, und Johannes Krisam. 2021b. # treppegehtimmer: die effektive und niedrigschwellige Möglichkeit zur Steigerung körperlicher Aktivität im Alltag. *Prävention und Gesundheitsförderung* 16(4):282–289.

Krisam, Mathias, Peter von Philipsborn, und Björn Meder. 2017. Nudging in der Primärprävention: Eine Übersicht und Perspektiven für Deutschland. *Das Gesundheitswesen* 79(02):117–123.

Levy, David T., Kenneth Blackman, Laura M. Currie, und Ute Mons. 2013. Germany SimS-moke: the effect of tobacco control policies on future smoking prevalence and smoking-attributable deaths in Germany. *Nicotine & tobacco research : official journal of the Society for Research on Nicotine and Tobacco* 15(2):465–473. https://doi.org/10.1093/ntr/nts158.

Max-Planck-Gesellschaft. 2020. Nudging = Manipulation? Mitpsychologischenn Tricks zu gewünschtem Verhalten. https://www.mpg.de/14809486/nudging. Zugegriffen: 25. Febr. 2022.

Mertens, Stephanie, Mario Herberz, Ulf J. J. Hahnel, und Tobias Brosch. 2022. The effectiveness of nudging: A meta-analysis of choice architecture interventions across behavioral domains. *Proceedings of the National Academy of Sciences* 119(1):e2107346118. https://doi.org/10.1073/pnas.2107346118.

Puthiran, Sivarathai. 2016. Die Etablierung eines PDCA-Zyklus für die Qualitätsverbesserung in der postoperativen Schmerztherapie.

Reijula, Samuli, und Ralph Hertwig. 2022. Self-nudging and the citizen choice architect. *Behavioural Public Policy* 6(1):119–149.

Robinson, Thomas N. 2010. Stealth interventions for obesity prevention and control: motivating behavior change. In *Obesity prevention*, 319–327. Amsterdam: Elsevier.

Service, Owain, Michael Hallsworth, David Halpern, Felicity Algate, Rory Gallagher, Sam Nguyen et al. 2014. EAST. Four simple ways to apply behavioural insights. The Behavioural Insights Team. https://www.bi.team/publications/east-four-simple-ways-to-apply-behavioural-insights/. Zugegriffen: 12. Nov. 2019.

Soler, Robin E., Kimberly D. Leeks, Leigh Ramsey Buchanan, Ross C. Brownson, Gregory W. Heath, David H. Hopkins, und Task Force on Community Preventive Services. 2010. Point-of-decision prompts to increase stair use: a systematic review update. *American Journal of Preventive Medicine* 38(2):S292–S300.

Sunstein, Cass R. 2016. People prefer system 2 nudges (kind of). *Duke LJ* 66:121.

Thaler, Richard, H., und Cass R. Sunstein. 2003. Libertarian Paternalism . *American Economic Review,* 93(2):175–179.

Thaler, Richard, und Cass Sunstein. 2009. *Nudge: Improving Decisions About Health, Wealth, and Happiness.* London: Penguin.

Thaler, Richard H., und Cass R. Sunstein. 2008. *Nudge: Improving decisions about health, wealth, and happiness.* Berlin: Springer.

Thompson, S., J. Michaelson, S. Abdallah, V. Johnson, D. Morris, K. Riley, und A. Simms. 2011. 'Moments of change' as opportunities for influencing behaviour: A report to the Department for Environment, Food and Rural Affairs. A research report completed for the Department for Environment, Food and Rural Affairs by nef (the new economics foundation). Final Report. defra. http://orca.cf.ac.uk/43453/1/MomentsofChangeEV0506Fin alReportNov2011%282%29.pdf. Zugegriffen: 11. Dez. 2019.

Vilella, Anna, Jose-Maria Bayas, Maria-Teresa Diaz, Caterina Guinovart, Consolación Diez, Dulcis Simó et al. 2004. The role of mobile phones in improving vaccination rates in travelers. *Preventive medicine* 38(4):503–509.

Volpp, Kevin G., und Blockley Hall (2014). Commitment Devices Using Initiatives to Change Behavior.

Printed in the United States
by Baker & Taylor Publisher Services